Anonymous

Briefwechsel zwischen dem Künstler und Schauspieler

Moritz Rott und einer Dame

Anonymous

Briefwechsel zwischen dem Künstler und Schauspieler Moritz Rott und einer Dame

ISBN/EAN: 9783743626171

Hergestellt in Europa, USA, Kanada, Australien, Japan

Cover: Foto ©ninafisch / pixelio.de

Weitere Bücher finden Sie auf **www.hansebooks.com**

Briefwechsel

zwischen

dem Künstler und Schauspieler

Moritz Rott

und

einer Dame.

Als Manuscript gedruckt.

1867.

Vorwort.

Moritz Rott kam im Sommer 1841 nach D., um Gastrollen zu geben. Sein Beifall war groß und allgemein. Lange Zeit hatte man keinen Mimen gesehen, dessen Spiel in sehr verschiedenen Charakter-Rollen so überraschend und vollendet war, wie das seinige.

Mein Mann und ich hatten zu jener Zeit triftige Gründe, das Theater in D. nicht zu besuchen. Wir hörten und lasen aber in jeder Hinsicht so viel Vortheilhaftes von Rott, daß mein Mann einen unserer Bekannten veranlaßte, denselben aufzufordern, uns durch seinen Besuch zu beehren. Rott hatte uns durch seine Gesellschaft viele angenehmen Stunden bereitet. Er war im höchsten Grade ein vortrefflicher, geistreicher, heiterer Gesellschafter. Wie oft erfreute er uns durch Declamationen, Osyp's Erzählung wegen der harten Behandlung seiner Gattin; in „Isidor und Olga" von

Raupach rührte er Jedermann zu Thränen, und auch seine Augen waren feucht; er zeigte stets ein weiches Gemüth.

Rott gab in einer nahe gelegenen Stadt die Gast-rolle „Tell“. Wir reisten hin, ihn zu sehen, und ich stimme der allgemeinen Meinung bei: nie sah ich ein so vollendetes, ganzes, durchdachtes Spiel!

Am 1. September Abends verließ er D., um nach Berlin zurückzukehren. An dem genannten Tage kam er zu uns, um Abschied zu nehmen. Er bat mich, mir schreiben zu dürfen, was ich gern bewilligte. Beim Weg-gehen drückte er etwas in meine Hand mit den Worten: „nicht böse werden, gnädige Frau“. Der erste Brief mit einem Gedicht war diese Gabe, welcher die späteren Briefe veranlaßte. In Berlin sah ich ihn wieder, nachher nie mehr.

Vom Jahre 1843 besitze ich nur einen Brief von ihm; die meinigen wurden nicht beantwortet. Wahr-scheinlich schrieb er nicht, da er sich in diesem Jahre zum zweiten Male *) verheirathete. Ich hörte später so Manches von ihm und von seinem unglücklichen Leben, daß ich mich 1855 veranlaßt fühlte, wieder an

---

*) Seine erste Frau war die einzige Tochter des Generals Wurmser.

ihn zu schreiben *). Viermal bekam ich Antwort, dann hörte ich nichts mehr von ihm. Aus meinem vorletzten Briefe konnte er herauslesen, daß ich mein Vermögen verlor. Dieses hatte, wie ich ihn kannte, heftig auf ihn eingewirkt; daher vielleicht sein Schweigen. Am 13. März 1867 starb Rott. „Ueber sein seltenes Talent und Wirken enthält die Nr. 78 der Augsburger „Allgemeinen Zeitung" vom 19. März l. J. folgenden Artikel aus Berlin:

„Dem am 13. März hier gestorbenen Schau= spieler Moritz Rott, welcher fast ein Vierteljahr= hundert an der Hofbühne in erster Reihe stand, und sich hier bis zu seiner letzten Rolle, dem Theseus in der Phädra, als eine Hauptstütze des classischen Repertoire's erwies, widmet die „Kreuzzeitung" einen warmen Nach= ruf. Sie rühmt seine wahrhaft imposanten Mittel und die Kraft seines vielseitigen Schaffens im Trauer= wie im Lustspiel. Diese seltenen Naturgaben allein, fährt sie fort, erklären die Möglichkeit, wie Rott als zwanzig= jähriger Jüngling es wagen konnte, in Wien seinen ersten theatralischen Versuch gleich als Karl Moor in Schillers „Räuber" zu machen, ohne daß er zuvor

---

*) Diesen Brief besitze ich nicht mehr.

Declamationsunterricht genoſſen oder in eine ſogenannte
Theaterſchule gegangen war. Dem damaligen berühmten
Wiener Hoffſchauſpieler Koch und dem bekannten Wiener
Bühnendichter Bäuerle, die beide ſein großes Talent
ahnten, verdankte Rott die Zulaſſung zu jenem erſten
Debüt (vor 50 Jahren, 1817) im Joſephſtädter Theater,
wo Ferdinand Raimund, der melancholiſche Komiker und
ſinnige Volksdichter, ihn bei ſeinen erſten Schritten auf
den heißen Brettern freundlich förderte. Von Wien aus
ging Rott im folgenden Jahre an das Theater in Lem-
berg, und kehrte dann, nach Gaſtſpielen in Olmütz,
Linz und Leipzig, nach Wien zurück, wo er am Theater
an der Wien engagirt ward, von welchem Eduard
Devrient in ſeiner Geſchichte der Schauſpielkunſt ſchreibt,
daß er unter der Leitung des Grafen Palffy durch die
Verbindung mit dem Burg- und Kärnthnerthor-Theater
ſich den edlern Gattungen genähert habe. „Hier ſtand
der Heldenſpieler Rott (wie Ed. Devrient ſagt) von
1821 an ſechs Jahre in großem Anſehen.“ Unter
ſeinen dortigen Glanzrollen machte auch Grillparzers
„Ottokar, König von Böhmen“, Furore, und das poetiſche
Drama wurde mit Rott zum lang anhaltenden Caſſen-
ſtück. Sein Ruf war damals ſchon ſo glänzend, daß
ſelbſt die ſonſt ſpröde Berliner Hofbühne ihm ein Gaſt-

spiel bewilligte; in dem von F. Dingelstädt herausge-
gebenen „literarischen Nachlaß" des Hofraths Teichmann
finden sich Notizen über Rott's erstes Auftreten als
Wallenstein am 11. October 1827 in Berlin und dann
als Otto von Wittelsbach, Faust, Fiesco und Philipp II.
(im Don Carlos). Sechs Jahre nachher kam er von
Leipzig, wohin ihn der Generaldirector v. Lüttichau an
das neubegründete Hoftheater berufen hatte, zu einem
zweiten Gastspiel nach Berlin; sein Hamlet, Cromwell,
Don Gutierre, Wallenstein, Lear u. A. wurden von der
Kritik und dem Publicum so günstig aufgenommen, daß
ihm sofort eine Anstellung am k. Theater zu Theil wurde.
Am 11. Juni 1832 gab er als Mitglied der Berliner
Hofbühne seine neue Antrittsrolle, den alten Dallner in
Ifflands „Dienstpflicht". Von da an wirkte er bis zum
12. December 1855 in den verschiedenartigsten Gestal-
ten auf der Hofbühne; sein weites Repertoire umfaßte
die idealen Helden= und Charakterrollen der classischen
Dramatiker, wie die mehr realistischen Figuren der neuern
Dichter. In der deutschen Theatergeschichte wird er als
genialer Darsteller Shakespeare's, Schiller's, Goethe's
Lessing's, Moliere's, Iffland's, Grillparzer's, Müllner's,
Raupach's, bis auf die spätern Dichter herab, eine
dauernde Ehrenstufe einnehmen".

So lange Gott mir noch das Leben friftet, werde ich es bereuen, dem vorftehend fehr wahr und treffend gerühmten Künftler in der letzten Zeit feines Lebens nicht gefchrieben zu haben. Meine Theilnahme an feinem Schickfale würde, hätte er auch nicht geantwortet, (fo fchmeichle ich mir) ihn doch erfreut haben.

Ich ftehe im 80. Jahre, habe aber dennoch alle Briefe Rott's für den Druck mit eigner Hand abge- fchrieben. Meinen Freunden wollte ich das Vergnügen machen, diefe Briefe zu lefen, was im Original nicht wohl gefchehen konnte, erftens wegen der unleferlichen Schrift, und zweitens um mir die Original-Briefe zu erhalten. Meine Briefe ftehen den feinigen fehr nach; ich bitte deßhalb freundlichft um Nachficht.

D., im Juli 1867.

Maria v. T., geb. v. D.

An Maria.

~~~~~~

Mein Herz, jetzt wüst und ausgebrannt,
Mit Wunden tief und ungekannt;
Was ist's, das dich auf's Neu' beengt,
And krampfig dich zusammendrängt?

Ein ödes Land im öden Raum!
In dürrer Stepp' ein schwerer Traum,
Ein Dasein, wunsch- und liebeleer,
Vermählt sich keiner Hoffnung mehr!

———————

Tauchst Himmelskönigin Du empor,
And zauberst Ahnung mir hervor,
Daß nah verwandt ein edler Geist
In lichten Strahlen mich umkreis't.

O holdes Weib, so anmuthreich!
So sinnig mild, so kräftig weich!
Was sänftigt Du mein krank Gemüth,
Wo weder Wunsch noch Hoffnung glüht —

Ein Ikarus, vom hohen Flug
Fiel ich zur Erde tief genug;
Geschlossen bald die düst're Bahn,
Streb' ich nicht ferner himmelan.

Und doch der klaren Augen Strahl,
Sich in des Geistes Dunkel stahl,
Die Nacht erhellend, wo sie schön
Verkünden geistig Aufersteh'n!

Ja, kindlich fromm, demüthig kühn,
Soll Phantasie Dich zu mir ziehn,
Mein Dasein zwiefach zu zerschellen,
Dein Bild zu meinem Schmerz gesellen.

Rott.

~~~~~~~~~

Gute Nacht.

1.

Des Dichters Worte nehmen beim Schauspieler durch den Kopf den Weg zu seinem Herzen. Aus diesem Schachte zu Tage gefördert, wird zuweilen ein Scheingefühl für ihn selbst zur Wahrheit. Die eigene Empfindung aber quillt frisch und sprudelnd aus dem Herzen. Kein Damm der Convenienz vermag sie einzuengen.

Sie sind eine zu edle weibliche Natur, um mir zu zürnen.

Ein neuer Gram stumpft jeden früheren Stachel. Ich sollte und ich könnte schweigen, aber es wird mir Trost gewähren, zu wissen, daß Sie mein gedenken. Wäre es auch nur der Unverschämtheit wegen, mit der ich Ihnen sage: „Ich liebe Sie, ich liebe Sie!" aber nicht so kalt, wie diese todten Worte Ihnen künden. Ich liebe Sie, als die letzte Lichterscheinung, die ich lieben mußte, weil es ein neuer vom Zufall für mich ausgesuchter Schmerz ist, Sie zu verlieren, ehe ich Sie besaß.

D., 1. Sept. 1841.   Rott.

2.

Obgleich ich überzeugt bin, daß diese Zeilen nicht
wesentlich zu Ihrem Glücke beitragen, so bin ich doch
eitel genug, zu denken, Ihnen Freude zu geben, wenn
Sie recht schnell etwas von uns erfahren.

Ihre Bekanntschaft, verehrter Herr Rott, rechne ich
zu den schönsten Stunden meines langen Lebens, und
gewiß, nur die Art, wie ich mich jedesmal hingebe,
wenn ich froh bewegt bin, hat mich so vor Ihnen
scheinen lassen, wie Sie mich nahmen. Das ist durchaus ein Unglück (ja ein bedeutendes) meines Lebens,
mißverstanden zu werden; immer würde ich verkannt.
Ich umfasse alle Menschen mit gleicher geistiger
Liebe. Haß kenne ich nicht, nur Verachtung; aber gebe
ich mich meinen Empfindungen hin, so wird es stets
anders gedeutet und ich bin oft genöthigt, kalt und ge-
messen zu scheinen, um keine Grenzen überschreiten zu
lassen!

Niemand hat mich noch erkannt und mit mir gefühlt. Tausend Thränen habe ich schon darüber ver-
gossen, und jetzt, indem ich dieses schreibe, bin ich von
Schmerz aufgelöst. Doch nun von anderen Dingen.
Ich habe mich nach dem schönen Strudel schon recht

einsam gefühlt. Eben 11 Uhr Morgens gießen K. und B.
den Garten, da mein Gärtner erkrankt ist. Nach Tische
wird mit Frau v. F. gefahren, und gewiß recht viel
Ihrer gedacht und freundlich gesprochen. Und so leben
Sie denn wohl! Wie ich hoffe, gönnt mir der Himmel
einst die Freude, Sie in Ihrem schönen Berufe bewundern, nein, anstaunen zu können; ein Glück für
meinen Schwur, da ich Sie nur einmal spielen sah,
würde ich wohl meineidig geworden sein, hätte Ihr Gastspiel fortgedauert.

Vergessen Sie unserer nicht gänzlich! Das ist der
innige Wunsch Ihrer ergebenen

Maria v. T., geb. v. O.

D., den 12. Sept. 1841.

P. S. Thränen geben zuweilen Kleckse.

Bitte um Entschuldigung.

3.

Beinahe hätte mir ein böser Zufall das Bein zer-
schmettert! Beim Verlassen des Coupées zogen die
Pferde plötzlich an. Ich kam mit dem linken Fuß
zwischen Rad und Wagenkasten; ich schrie ärger, als ein
Chinese, der eben gehängt, oder ein Türke der eben ge-

pießt wird. Gott oder die Pferde hatten Mitleiden.
Ich kam mit einer tüchtigen Schramme und noch tüch-
tigeren Schmerzen davon. In Leipzig mußte ich drei
Tage liegen und Umschläge machen. Gestern komme
ich an und finde Ihre Zeilen. Nicht wahr, meine theure
Freundin, Sie sind gedrängt worden, mir zu schreiben?
Sie wollten nicht! Was mag man Ihnen gesagt haben?
Ihre Worte sind fein, milde, gütig wie Sie selbst; und
doch gereizt, versteckt gekränkt. Mein Herz urtheilt
immer richtig. Die mich am besten kannte, sagt: „Folge
immer Deiner ersten Eingebung."

Meine erste Eingebung war Liebe zu Ihnen. Ich
habe nie anders wie plötzlich und schnell geliebt. Ich
glaube, man liebt nie anders. Ein Beweis, wie materiell
selbst dieses geistige Gefühl ist! Meine zweite erste
Eingebung: diese Liebe nie zu zeigen. Weniger mir
selber folgend, habe ich anders gehandelt. Ihre Thränen
geißeln mich dafür! Gerechte Strafe!

Ich habe Sie ganz richtig beurtheilt! Ihr ge-
bildeter Verstand, Ihr selbstbewußtes geistiges Prinzip,
erschrickt vor jeder materiellen Berührung. In Ihrer
Seele lebt ein Ideal. Der Künstler war allein geeignet,
ihm nahe zu kommen. Ich zerstöre diese Meinung, ich
selbst. Ich will Ihnen den Sumpf zeigen, in dem der

Künstler-Demant sich härtet! — Ein Künstler, wenn
ich einer bin, woran ich, aufrichtig gesagt, zuweilen sehr
zweifle, einigt Gott und Teufel in der Brust — das
Diabolische ist auch das Göttliche — aus Gegensätzen
bestehet der Urbegriff der Sprache, der Musik — auch
Kunst und Künstler, — Sinnlichkeit, wie Anbetung des
Heiligen, Verschwendung, wie Geiz — mädchenhafter
Zartsinn — brutale Mannesrohheit, und noch hundert
Gegensätze, finden Sie in mir vereinigt. Ich schwelge
in edlen Genüssen — ich berausche mich im Niedern.
Das Einzige, was ich voraus habe, ist: daß ich das
weiß und so sind wir Alle — Alle! Der Künstler
muß ja den Staub mit dem Aether verbinden, um das
Leben zu schaffen. Die geistigsten Essenzen, gehen sie
nicht aus schmutziger Küche hervor? Darum vergessen
Sie die Beleidigung, daß ich durch Blick und Accent
mehr, als Ihre Freundschaft suchte. — Mir ist nichts
heilig, was ich eben mit Leidenschaft ergriffen — und
kämen nicht zuweilen bessere Stunden, ich hielte mich
noch für einen schlechtern Menschen, als Künstler.

Dieses Alles schreibe ich Ihnen, um Sie zu beruhigen. Es ist die Sprache der Wahrheit. Sie
wird Eingang finden, Ihnen zu zeigen, daß Ihr Benehmen keine Veranlassung gab, daß Sie nicht

kälter sich in sich selbst zurückziehen müssen, daß mich nichts berechtigte, zu hoffen — und daß ich aber auch nichts gehofft habe. Sie waren kälter, um so mehr, da Sie mir geistig angeregt schienen. Das hat mich geschmerzt, thut mir vielleicht noch weh! Ich werde es nie gestehen, daß eine Frau meine Fingerspitze drückt — aber ich sprech' es gern aus, daß Sie mich kalt und entfernend behandeln; finden sie nichts Gutes darin?

Wenn ich Ihnen die Gefühle schildern sollte, die meine Abreise, die Ankunft in mein ödes Haus begleiteten, würde dieses Schreiben zum Buche anwachsen, und Ihre armen Augen bei meiner schwer leserlichen Schrift leiden, denn Sie würden nicht aufhören zu lesen. Sehen Sie, daß ich Sie kenne, da ich eine so stolze Sprache führe. Eigentlich ist dieser lange Brief Unsinn! — Denn er enthält nur wenig von dem, was ich sagen möchte! — Wenn Sie mich spielen sehen wollen, so muß ich nach D. oder sonst wohin reisen, um Ihnen eine Bilder-Reihe zu geben. In Berlin kann sich's fügen, daß Sie mich in sechs Wochen in drei Fadaisen sehen!

Sie glauben, meine theure Maria, Sie haben mich mit Ihrer Anerkennung meiner Meisterschaft recht froh gemacht? Sie irren. — Es scheint darin eine Ver-theidigung zu liegen, warum Sie mich so freundlich und

ehrend aufnahmen. Ihr Beifall wäre mir der einer
ganzen Welt — jetzt ärgert er mich — ich brauche
ihn nicht, ich will nichts von ihm hören!

Vergeben Sie mir, liebe Maria. Sie sehen, ich
bin einen ganzen Tag unerträglich, um eine halbe Stunde
artig zu sein. Frau v. F. ist eine Ihrer würdigen
Freundinnen. Ich habe die Frau sehr lieb gewonnen! Sie
scheint mir mit scharfem Verstand und tüchtiger Bildung
ein weiches, zartes Gemüth zu vereinen. Sie mag, wie
alle kluge Frauen, launschig sein, aber wem sie sich gibt,
dem gibt sie sich ganz. —

Adieu! meine verehrte Freundin. — Ich wollte es
wäre Winter. Ein wolkig umzogener Himmel spiegelte
nicht das Tiefblau Ihrer schönen lieben Augen. Kommt
es Ihnen nicht auch so vor, als ob es in dieser gött-
lichen blauen Himmelshülle bitterkalt sei?

Das paßt Alles so zusammen, daß ich Ihr Bild
auch nicht auf Augenblicke entfernen kann. Adieu! liebe,
liebe Maria.

Nichts von Ergebenheit.

Berlin, 17. September 1841   Rott.

an meinem Geburtstage.

In diesem Augenblicke erhalte ich ein Schreiben von
K. — Es schmerzt mich, aber ich habe auch aus diesen

2

Zeilen die Ueberzeugung vermehrt: er ist ein edler Mensch. Ich werde ihm antworten, wenn ich Kraft und Lust habe. Wir scheinen uns nicht zu verstehen. Ich will also nie mehr etwas sagen, was das Mißverständniß nur vermehren könnte. Ihnen, meine gnädige Frau, sage ich nochmals, daß ich Sie verehre und hochachte. Ist in diesen Zeilen etwas Vertraulicheres, als sein sollte, so verzeihen Sie der offnen Künstler-Natur. Leben Sie wohl! Sie haben mir eigentlich nichts zu vergeben, aber wäre es, zwei Dinge müßten Sie dazu bestimmen: Ihr eigner Edelmuth und meine traurige Lage. Berücksichtigen Sie diese, wenn ich den Kreis der Convenienz verließ, in welchen Ihre angeborene Würde Jeden bannen wird, dem das Glück zukommt, sich Ihrer Nähe zu erfreuen.

Leben Sie wohl, gnädige Frau!

Ich frankire und couvertire nicht, ich halte es für sicherer.

4.

Ihr Unfall hat uns recht erschreckt, und doch kann man der Vorsehung nicht genug danken, daß es eben

noch so abging! Versprochen haben Sie, Ihre Gesundheit zu schonen. Ich glaube, Sie sind Mann von Wort
und werden für dieses Uebel strenge Sorge tragen.

Gegen Mehreres in Ihrem Briefe muß und will
ich mich vertheidigen. Keineswegs war ich gereizt und
gedrängt, an Sie zu schreiben, kurz, sagen Sie immerhin,
was Sie wollen: Sie kennen mich nicht!

Der Wahn, daß Sie nur als Künstler eine
freundliche Aufnahme in unserem Hause gefunden haben,
schmerzt mich. Wie irren Sie! Kannte ich denn Ihre
éminente Größe? Wie viele Künstler sind groß durch
ihre Kunst, und Nichts in der Welt würde mich bestimmen,
sie in unserm Kreise aufzunehmen.

Meine tiefblauen Augen und le ciel; welcher Vergleich! Ich konnte es wirklich nicht deutsch zu Tage
fördern. Ein wolkiger grauer Himmel! Das ist mein
Bild!

Sind denn alle Menschen, die mich interessiren, im
September geboren? Konnten Sie es nicht früher sagen:
eine kleine Ueberraschung zu bereiten, wäre eine große
Freude gewesen.

Die Oede und Stille in Ihrem Hause, die Sie um-
gibt, fühle ich tief mit Ihnen. Doch Muth gefaßt und
Vertrauen. Sie werden nicht immer allein stehen, Sie

werden sehen ich bin Prophetin, und kenne Sie besser,
wie Sie meinen!

K. sieht mit Sehnsucht eines Freundschaftszeichens von
Ihnen entgegen. B. macht uns allen in diesem Augenblicke Kummer, sich wohl noch den größten. Sein Leicht=
sinn ist grenzenlos; er ist schon mehrere Tage in Mainz,
ohne im geringsten seine Stellung zu berücksichtigen.

Vorgestern bin ich aus der Wetterau zurückgekommen,
wo ich mit A. zum Besuch bei einer Dame war.
Diese hatte die Güte, mir mehrere Briefe von Sophie
la Roche (Bettina's Großmutter) und Briefe von
Goethe's Mutter zu schenken. Eine köstliche Staberliade
habe ich auch dort von einem Bettler gehört, sie sind
zu edlem Fache angewiesen, wenn Sie sie aber wünschen,
werde ich sie melden; aber von den Briefen, wenn Sie
recht artig und geschickt sein wollen, heiter, freundlich,
ruhig u. s. w. sende ich Ihnen zum Geschenck.

Alle klugen Frauen lauschig? Jetzt also weiß ich,
daß ich auch nicht einen Funken Klugheit besitze. Immerhin
eine Katzenqualität weniger; sonst ist alles der Frau v. F.
wegen wahr und gut.

Mein Mann ist nun in München, kömmt erst
Ende Monats zurück. Schon muß ich schließen; die
Zeit drängt. Wissen Sie auch, daß keine Frau ohne

P. S. schreiben kann und daß immer die Hauptsache
darin steht?

Ihre Sie hochachtende

Maria v. T. geb. v. O.

D. den 24. September 1841.

P. S. In welchem Zustande waren die Trauben?
Soll aber diesmal kein eigentliches P. S. sein.

N. S. Lassen Sie recht bald etwas von sich hören,
ob Sie gespielt, wann und worin? Freund A. ist überge-
treten, nicht zum Feinde, nicht zu anderer Religion,
nicht zum Ehestande, aber mit dem Fuße. Es gibt doch
eine andre Welt für mich; ich lebe fort! Was machte
die Kokosnuß für Sensation?

5.

Fürchten Sie wirklich, meine liebe verehrte Freundin,
daß es mir an Sie zu schreiben an Stoff gebricht, und
rufen deßhalb am Schlusse Ihrer lieben sinnigen Zeilen
aus: „Es gibt doch eine andere Welt; ich lebe fort!"
um mich so auf ein unerschöpfliches Thema hinzuweisen?
Sie irren! Ich höre auf, Ihr Gegner zu sein. Sie
haben mich belehrt! Es gibt eine andere Welt; ich

lebe fort! Es gibt eine andere Welt für mich, außer
Berlin; ich lebe fort an einem andern Orte; ich lebe
in D., in Ihrer Nähe, vor dem Hause, am Tischchen
im Garten, wo ich der liebenswürdigsten Wirthin gegenüber meine Cigarre rauchen darf. — Gibt es im Leben
eine Erinnerung so theurer werther Art, einen Zwiespalt
so voll Seltsamkeit; warum auch nicht später? Hätten
Sie es für möglich gehalten, einen Heiden so schnell
zu bekehren? — Es thut mir leid, daß B. Ihrem
Herzen Kummer macht. Doch dieser Reis taugt nicht
zu K. Das ist eine negative Natur, die zerstört, die
kann nicht aufbauen. Sein Wirkungskreis ist hier
verfehlt. Er gehe unter, wenn er muß. Es liegt viel
Fond in ihm, ich glaube, er taucht auf eine andere Art
empor!

Die Kokosnuß macht viel Aufsehen hier, um so mehr,
da ich auf den glücklichen Gedanken verfiel, das darauf
geprägte Gesicht für mein Portrait auszugeben. Es hat
wirklich Aehnlichkeit.

Die Trauben sind wunderschön hier angekommen,
frisch und süß, wie Ihre Worte. Die Blätter waren
welk wie alle Kränze, die wir im Leben uns erringen.
Ich habe wenig von den Trauben gegessen. Die Tochter
meines Freundes E. starb nach einjähriger Ehe im Bade

zu Salzbrunn. Der tiefgebeugte Vater kehrte trostlos zurück; ihm habe ich die schönsten und besten gesendet. Ich handelte, wie Sie gehandelt hätten. Er trägt mit großartiger Ruhe seinen Schmerz, heult nicht, wie gewisse schwache kleinliche Menschen, jedem seinen Kummer vor! Das ist ein recht honnettes Beispiel: aber der Mann ist auch noch unermeßlich reich geblieben, hat noch einen Sohn und eine. Frau. Beide wohl gerathen. Das will was sagen!

Ich traue Ihnen alle Eigenschaften eines edlen Weibes, einer vortrefflichen Seele zu, aber den Stuhl der Phythia dürfen Sie mir nicht besteigen. Ihre Prophezeiungen irren. Die Folge wird es lehren, ob ich gleich Alles thun möchte, Ihnen zu so vielen herrlichen Talenten auch dieses zuzulegen.

Ich wollte, ich wäre Ihr Roß —

Es sind vier Tage, seitdem ich die obige Zeile schrieb. Ich weiß nicht mehr, was ich sagen wollte; ich habe viel gearbeitet. In einem Raupach'schen Stücke, Corona von Saluzzo, trat ich zuerst wieder auf, Präsident in Kabale und Liebe, Tessauer in „vor hundert Jahren“ folgten, endlich kam „Macbeth“. Ich bin heute noch krank davon, ob ich schon seitdem den Wallenstein und einen guten alten Onkel im „Bevollmächtigten“ spielte.

Der greife Tieck wohnte der ganzen Vorstellung bei, und klatschte, als ich am Schluffe gerufen wurde, tüchtig in die Hände. Ja, theure Freundin, ich weiß nicht, ob ich je den Macbeth fo fpielte, und wieder fpielen werde. Ich wollte, Sie hätten ihn gesehen; ich war recht natürlich, ziemlich edel, und ein paar Stellen schienen mir fogar schön. Viel Dünkel! aber wo käme Muth fortzuftreben, fände fich nicht Dünkel zuweilen ein.

Eine ungeheure, aber mich beglückende Arbeit bereite ich vor. Der König läßt fich und dem Hofe, Sophokles „Antigone" in Potsdam geben. Mendelsfohn hat die Musik componirt (die Chöre); Tieck wird die Proben leiten; Crelinger fpielt die Antigone; ich den Kreon. Laffen Sie fich die Stollberg'fche oder Donner'fche Ueberfetzung geben, und lefen Sie, theure Freundin. Sie haben kein wankendes Chriftenthum zu fürchten, wenn Sie fehen, wie hoch die Alten vor Chriftus ftanden; und eigentlich ich auch nicht, denn Chriftus follte ja nicht die Literaten, er follte die Menschen gottähnlich machen, und ein noch helleres Licht über Alle heraufführen.

Nebftdem kommt zum Geburtstage des Königs „Prinz von Homburg" von Kleift, worin ich den Obrift Kottwitz gebe, und als Zugabe habe ich eine vierzehn Bogen

ftarke Rolle, einen engländifchen Krämer in einem Luft-
fpiele. — Da kann ich meinem lieben K. nichts anders
als Grüße fchreiben, da verzichtet man auf uns, bis auf
das Eine, was mit uns felbft erwachfen wird! Nicht
wahr, liebe Freundin? Ich fchreibe bei Licht! Gott helfe
Ihnen lefen.

Die herzlichften Grüße Ihrem Gatten. Soll ich
das Geld für den Wein, 33 Thlr., ihm felbft fchicken
oder hier erlegen? Sie fchreiben mir wohl darüber.
Grüßen Sie, theure Freundin, Frau v. F. und meinen
guten würdigen A. Das macht für mich ganz D. aus.
B. ift noch nicht da?

Vergeffen Sie mich nicht! Nehmen Sie ferner Theil
an mir! Ich weiß nicht, ob ich es verdiene; aber Sie
thun etwas Gutes! Abieu! ich küffe Ihnen die Hände.

Rott.

6.

Heute machen Sie fich gefaßt, einen wahren Aus-
putzbrief von mir zu erhalten. Das große Vergnügen,
ein Lebenszeichen von Ihnen zu bekommen, war mit
Wehmuth gemifcht. Sie follen und dürfen mir nicht

schreiben, wenn Sie solch ungeheure Arbeiten haben; es reibt Sie auf. Die goldne Zeit der Fabaisen, die benutzen Sie, mir lange und ausführliche Nachrichten zu geben. Aber wenn Geist und Körper durch Anstrengungen leiden, wenn Sie sogar die Nacht zur Hülfe nehmen müssen, mir ohne Datum und Unterschrift (worauf ich vielen Werth lege) freundliche Worte schreiben, so freut es mich nicht. Also bitte: nur dann lassen Sie etwas von sich hören, wenn Sie ruhig sind! —

Antigone werde ich lesen, sobald mein Buchhändler mir sie auftreibt. Wäre ich König, ich würde Ihnen Orden und eben Alles geben, was Sie freut; aber vorspielen müßten Sie mir auch an meinem Geburts- und andern Tagen. Gestern wurde hier der „Bevollmächtigte" gegeben, Lußberger gab Ihre Rolle.

Eigensinnig bin ich; auf einem Dreifuß kann ich nicht gut sitzen, mein Volumen würde es nicht zugeben, aber wegen Ihrer habe ich doch recht, warten Sie nur!

Wegen Wein und Geld kann ich keine Auskunft geben, mein Mann ist noch nicht da, er weilt nun in Basel, und seine Rückkehr ist unbestimmt.

B. hat vor acht Tagen das erste Lebenszeichen an R. von Köln aus gegeben und ist zwei Tage darauf wieder eingerückt. Die Ursache seines Verschwindens findet nicht

Beifall. Gewiß hat er Ihnen erzählt, daß er in einem
Verhältniß zu einem Mädchen in Mainz steht, die
während seiner Gefangenschaft ihm große Opfer brachte.
Dieses Mädchen hat in Ems (wo sie von einer Gräfin
hinbeschieden) Dienst bei derselben genommen, und sollte
an einem von der Dame bestimmten Tage in Düssel=
dorf eintreffen, um mit derselben nach Münster, ihrem
angeblichen Wohnorte, zu reisen.

Elise (so heißt die fragliche) kam hierher, um von
B., Abschied zu nehmen, sagte ihm, ihr Paß sei nicht
in gehöriger Ordnung, sie fürchte Schwierigkeiten. Er
ging nun mit nach Mainz und zeigte dies mit ein paar.
Worten K. an, mit der Versicherung, den kommenden
Tag wieder da zu sein. Nun erzählt er ein Gallimathias
von Geschichten, die Sie nur langweilen würden. Das
Resultat ist: daß seine Elise entführt werden sollte.
Die Gräfin war eine Betrügerin, und Elise wurde
einem Champagner = Reisenden in die Hände gespielt,
fuhr mit demselben zwei Tage in der Welt herum, nahm
Geld und Ringe von ihm, und dies Alles gegen ihren
Willen. Ist dies für Kinder nicht schön? Kurz, B.
hat sie eingeholt, wieder nach Mainz gebracht, in Köln
und überall Schulden contrahirt, hat nun keinen Kreuzer,
nicht Credit, um etwas zu essen, und ob man verzeihen

und sich auf's Neue anführen soll lassen, steht nun dahin. Sagen Sie mir Ihre Meinung.

Und nun abermals werden Sie von mir gescholten. R., der Sie so liebt und achtet (er hat es mir streng verboten zu reden), ist in all der langen Zeit ohne ein freundlich Wort von Ihrer Seite geblieben. Ihr letzter. Brief an mich war ihm adressirt, ohne daß ich dabei vorkam. Er freute sich kindisch und alles war an mich gerichtet. Dann haben Sie doch auch die Güte und lassen nur den .... auf der Adresse ohne Berühmtheit! Nicht wahr, ich bin heute unerträglich: immer etwas zu mäkeln und zu feilen, und bin noch lange nicht fertig! Sie schreiben ihm nächstens nur ein paar freundliche Worte. Sie wissen nicht wie es schmerzt, wenn man sich zurückgesetzt wähnt! und versprochen, fest versprochen haben Sie es, in meiner Gegenwart.

Stoff zum Schreiben glaube ich Ihnen nie geben zu müssen. Ihr Wissen, Ihr reger Geist, Ihre Erfahrung; und da sollte Mangel sein? Welcher Abstand gegen mein Weibergeschwätz. Ich hoffe es ruht Sie aus, mein Geschreibsel zu lesen.

Um beurtheilen zu können, wie groß Ihr Unrecht der Nuß wegen ist, müssen Sie recht bald Wort halten, und Ihr werthes Conterfei senden!

Niemals ist meine Zeit so sehr in Anspruch genommen
worden wie in den letzten Wochen, und beinahe immer
durch Menschen, die mich nicht ansprechen. Ich bringe
oft genirte, langweilige Stunden zu. So habe ich die
v. F. in acht Tagen nicht gesehen. Sie können indessen
doch auf freundliche Gegengrüße rechnen. A. hat sie
mir in Wahrheit aufgetragen. Von K. jedoch darf ich
nicht grüßen; ich habe ihn nie so gereizt und empfindlich
gesehen.

Meine angebotenen Handschriften haben Sie unbe-
achtet gelassen, und doch hoffe ich dadurch ein Recht zu
erlangen, Ihre Güte auch einst in Anspruch zu nehmen.

Leben Sie wohl, der Himmel verleihe Ihnen Zeit
und Geduld, meine Phrasen zu genießen

Ihre Sie freundlichst grüßende

Maria v. T. geb. v. O.

D., den 11. October 1841.

7.

Heute früh hatte ich mir fest vorgenommen, Ihnen
morgen meine Freude zu bezeigen wegen der Aufführung
der Antigone, da ich mir denken konnte, daß ich bei
Ihrem angestrengten Leben sobald kein Wort von Ihnen

erhalten würde. Da sagt mir mein Mann bei Tische,
er habe von Ihnen Nachricht, worin Sie Herrn K.'s
Unart rügen. Sie scheinen tief gekränkt, und obgleich ich
die ganze Sache von ihrer Entstehung an nicht kenne,
so bedaure ich doch von ganzer Seele, daß ich Sie veranlaßte, K. zu schreiben. Seine Antwort ist mir fremd.
Mein Mann sagte ihm damals, er möge Sie des hiesigen Theaters wegen erinnern, und ich trug ihm auf,
Sie zu fragen, ob ich im November die Sendung an
Sie schicken dürfe. Das ist Alles, was ich weiß. K.
habe ich seit diesem Morgen nicht gesehen, und da wußte
ich noch nichts von Ihrem Briefe. Wären Sie nur
Beide jetzt gleich hier, vielleicht würde es mir gelingen,
die gereizten Gemüther zu beruhigen.

Ja, verehrter Herr Rott! ich habe große, große
Freude gehabt über die Antigone. Selbst in unsern Zeitungen ist Ihres Kreon's würdig gedacht, aber noch
immer bin ich nicht im Besitze des Buches. Die Donner'sche Ausgabe ist noch nicht zu bekommen. Führt
mich einst das Glück nach Berlin, so würde es mein
höchster Wunsch sein, diese Tragödie zu sehen.

Mein Mann empfiehlt sich Ihnen bestens. Er
wird des Weines wegen sprechen und Ihnen dann gleich
schreiben. Das Theater ist noch keineswegs den drei

Herren Gott sei bei uns gegeben, wenn es auch alle auswärtige Blätter posaunen, wofür dieselben Sorge tragen. Herr Hofrath S. von Stuttgart bewirbt sich darum und hat äußerst vortheilhafte Vorschläge gemacht. Das Bürgercolleg wird nächste Woche darüber abstimmen, dann kommt es an den gesetzgebenden Körper (unsre Landstände). Mein Mann, Herr B. und alle Gegner sind im Fieber, wie es wird. Ich erwarte nichts Gutes, das Laster siegt so oft! Soll ich Ihnen das Resultat schreiben?

Wenn ich nur wüßte, ob es Sie wirklich freut, solche unbedeutende Sachen von meiner Hand zu lesen!

Meine Autographen-Sammlung hat sehr zugenommen. Es darf Ihnen keine, wirklich gar keine Mühe machen; aber unbescheiden genug bin ich, Ihnen meine Wünsche vorzutragen. Doch ebenso gut nehme ich es auf, wenn Sie mir gar nichts schicken können.

Alter Fritz. Voltaire. Blücher. Letztverstorbener König. Königin Louise. Regierender König. Iffland. Devrient. Wolf. Rahel. Robert. v. Stieglitz. Hegel. Ihr letztverstorbener Baumeister, im Augenblick kann ich seinen Namen nicht finden.

Lebende: Frau Wolf. Crelinger. Zwei Stich. Seydelmann.

Ist es unbescheiden genug?

Nun fordern Sie aber auch von mir!

Hausmütterlich habe ich für Sie Gemüse, Kastanien, Obstgelées, Würste und Kaffee bereit. Bitte mir nur durch ein Wort zu sagen, ob Sie diesen Monat in Berlin bleiben. Die Sendung soll Sie, wie ich hoffe, zufriedener stellen, wie die des Weines; nehmen Sie sie mit Güte auf. Ich freue mich kindisch, sie zu schicken. Doch nun brummt unsere Glocke Mitternacht. Ich will schließen, es möchte sonst zu viel Geistiges einfließen.

Freundlichst grüßend

Ihre ergebene

Maria v. T. geb. v. O

D., zwischen dem 5. u. 6. Nov. 1841.

8.

Hier überschicke ich Ihnen einstweilen den versprochenen Kaffee, der, seines Geruches wegen, mit den andern Herrlichkeiten nicht verpackt hätte sein dürfen. Erhalte ich ein Wort, daß Sie in Berlin bleiben, so folgt die zweite Sendung, wovon die Würste schnell verzehrt werden müssen, besonders die von Leber. Sie haben

schon Freunde, die helfen. Mein Mann meint, wenn
Sie etwas schreiben wollen, des Theaters wegen, sei es
jetzt der geeignete Augenblick, aber schnell!
Leben Sie wohl!

Ihre ergebene
Maria v. T. geb. v. D.
Bravo der Freiwerber!

D., den 8. Nov. 1841.

9.

Theure verehrte Frau!

Soeben steige ich vom Wagen und finde Ihre lieben
theuern Zeilen. Ich habe die Erlaubniß nicht erhalten,
vierzehn Tage in Stettin zuzubringen, da die Abwesenheit
des Königs nur von kurzer Dauer sein wird. Doch
durfte ich zwei Vorstellungen in Halle geben, dessen
Theater-Director den Grafen darum bat, und hier war.
Es wurden an fünf Tagen fünf Vorstellungen daraus:
Lear, zweimal Bettler und reicher Mann, Richard, und
Hugo in der „Schuld". Ich bin noch todtmüde und
das ist gut. Denn ich weine bitterlich über mein
verödetes Haus, über mein auf immer verlorenes Glück!
Keine Prophezeiung, sie wird nie wahr werden! Aber

3

jetzt schreibe ich Ihnen und hernach will ich schlafen
Das sind zwei gute Lebensmomente! Die Augsburger
Allgemeine Zeitung, und die hiesige Staatszeitung ent-
halten schöne Aufsätze über Antigone!

Nach der zweiten Vorstellung sagte der König, er
wolle die ersten Mitglieder sprechen. Crelinger und
Wolf gingen im Palais, wo die Vorstellung war, hinab.
Der König sagte: ich möchte Rott sehen, Rott sprechen.
Nun kamen Boten über Boten. Ich habe bis zuletzt
zu thun, war unrasirt, im alten Oberrock: dies stellte
der Graf ihm vor. „Er soll kommen, wie er ist",
sagte der huldvolle Monarch. Nun mußte ich. Der
König, die Prinzeß von Preußen, ihr Gemahl, der Kron-
prinz von Württemberg, ich weiß nicht wer noch, waren
da. Der Monarch trat auf mich zu, und sagte: Ich
danke Ihnen; ich habe nie einen solchen Eindruck
empfunden; man wird ganz wirblicht; es war mir Bedürfniß, Ihnen zu danken!" Ich stotterte etwas, denn
meine Toilette, die unvorbereitet nicht anders sein konnte,
verwirrte mich, wenn ich auch wußte, sie wurde nicht
beachtet. Jetzt bleibe ich bis Ende März hier und will
Alles nehmen, was Sie mich (berlinisch) mir zugedacht
haben, denn es kömmt von Ihnen. — Das Geld
für den Wein werde ich Ihrem verehrten Gatten

senden. — Ich bin sehr unglücklich, theure Freundin,
und da ist man zuweilen faul, unschlüffig, ungerecht,
wohl — das bin ich Alles auch — aber ich bin ganz
gut. — Herr K. hängt mit schwärmerischer edler Ver-
ehrung Ihnen an, Sie haben keinen treueren befferen
Freund! — Aber gegen mich benahm er sich weder
edel, noch gut. Was ich Ihnen jetzt schreibe, sind die
letzten Worte von und über ihn.

Ich hatte am Abend meiner Abreise ein rohes unbedachtes Wort gesprochen. Er hatte Recht, mir vielleicht
auf immer zu zürnen, und ich würde mich darüber ge-
tränkt haben, denn ich hatte Unrecht. Allein ich bat
ihn um Verzeihung; die Sache war abgemacht; wir
nahmen herzlichen Abschied. Das konnte nicht Schein
sein, denn er schrieb mir. Ich faul, unpünktlich, zerrissen, überhäuft mit Arbeit, benahm mich, wie Künstler
sich benehmen; ich dachte an ihn und schwieg. Da kam
Ihre Mahnung, und in demselben Augenblick schrieb
ich den kindlichsten herzlichsten Brief, klagte mich selbst
an, gelobte Befferung, sagte und schrieb Pater peccavi
und fiel aus den Wolken, als ich das beikommende
Schreiben erhielt, ein Schreiben, worauf ich ihm, wäre ich
in D. gewesen, ganz sonderbar geantwortet hätte, denn
ich bin gar kein Bramarbas, aber ein Mann von Ehre!

Ich wiederhole Ihnen, hätte er nur das Alles an jenem Abend gesagt, ich hätte wie ein Schuljunge geschwiegen. Aber dazwischen lag eine herzliche Versöhnung über ein unbedachtes Wort, ja ein Schreiben von ihm, folglich nur eine kleinliche Gereiztheit. Wie erbärmlich, meine Hand zittert, meine Feder fliegt, indem ich daran denke! Ich schicke Ihnen seinen Brief, und auf der Rückseite meine Antwort. Das war zu viel! Theuere liebste Freundin! Ich habe Ihretwegen so sanft geantwortet. Ich war einst arm und verlassen, wenn auch nicht so ganz wie jetzt, aber so hat noch Niemand mit mir gesprochen. Das ist nun vorbei mit dem Mann!

Etwas anderes! Haben Sie die Schmieralie „der Freiwerber" gelesen? Oder ist es eine Mahnung? Antworten Sie. — Das Bild werden Sie bald erhalten. — Leider bin ich mit Spiker zerfallen. Dies verzögert einen Aufsatz, das D.-Theater betreffend. Sonst würde ich gerne die Verhältnisse aufdecken. Ich bin ja kein Schauspieler, der sich selbst etwa loben, und seine Collegen herabsetzen will; es soll ja nur von der Führung die Rede sein. — Doch, theuere Frau, bedenken Sie meine Stellung, wie vorsichtig ich sein muß, wie viele Hungerhelden darauf lauern, mich irgend etwas

zeihen zu können, das nur den Schein des Unrechtes
hat! Und gerade jetzt mußte sich Spiker gemein und
ungerecht gegen mich benehmen. — Wem darf ich
trauen?!

Wie geht es Ihnen, theuere Maria? Sind Sie
wohl? Wie leben Sie? Womit unterhalten Sie sich?
Was treiben Sie? Grüßen Sie Frau v. F., A. und
Ihren verehrten Gatten! Leben Sie wohl, und gedenken
Sie freundlich Ihres Freundes,

des armen
Rott.

Berlin, am 17. November 1841.

10.

Soll ich mich nicht bitter über Sie beklagen, verehrter Herr Rott? Am 4. October haben Sie mir
zuletzt geschrieben, und nun erst wieder am 17. November! So sind doch alle, alle Frauen, höre ich Sie sagen.
Erst wird mir ganz lange Schreibefrist gegeben; benutzt
man sie, so ist es nicht recht. Aber mir war diesmal
wirklich bange, Sie möchten krank sein, was bei Ihrem
zerrissenen Gemüthe leider geschehen könnte. Bitte, ermannen Sie sich! Ihre Lage ist gewiß hart; ich fühle

tief mit Ihnen. Aber glauben Sie mir, mein Gemüth war auch schon sehr zerrissen, Eltern, alle meine Geschwister, Kinder, den größten Theil meiner Jugendfreundinnen, alle meine Tanten, die ich unbeschreiblich liebte — ich kann es durch Briefe beweisen — sie sind mir verloren, sie ruhen im Grabe! Daß ich nicht einsam dastehe, weiß ich wohl, und erkenne mit Dankbarkeit Gottes Güte, mir soviel zu lassen. Die Hand des Schicksals hat schon schwer auf mir geruht, und doch kann ich wieder heiter, vergnügt, ja manchmal ausgelassen, kindisch lustig sein (mehr, wie es sich für meine Jahre ziemt). Keinen Prophezeischerz werde ich mir mehr erlauben, aber ich beschwöre Sie, ermannen Sie sich, leben Sie für Ihre Kunst und Ihre Freunde!

Erlassen Sie mir ein Urtheil über K., da er mir durchaus Ihre gegen ihn ausgesprochene Beleidigung nicht nennen will; sein Brief ist —. Wie Sie mir sagen, hatte eine Versöhnung statt. O! Ihr Männer, unbegreifliche Geschöpfe! K. sehnt sich nach einem Brief von Ihnen. Sie (leider bin ich daran schuld) schreiben freundliche, liebe Worte, und nun kommt diese Antwort! Aber Ihr seid doch Beide edle Menschen. Sie schicken mir den Pfuibrief, wahrlich sehr schön! Ich sehe es als das beste Mittel an, den Stachel immer mehr zu stumpfen, und K. bereut trotz der ungeheuren Beleidigung tief das Geschehene. Gestern sagte er, wenn ich mir den Rott so gut denke, wie er oft ist, Alles wäre ich im Stande, für ihn zu thun. Doch nun genug! Wir wollen Beide auf diesen Gegenstand nie mehr zurückkommen und Alles der Zeit überlassen.

Ihr König hat Ihnen viel zu wenig gesagt und doch sind Sie bescheiden glücklich dadurch. Noch immer bin ich ohne Antigone. Könnten Sie mir vielleicht die-selbe in Berlin auftreiben? Die Kosten würde ich gerne tragen. Den Freiwerber habe ich nicht allein gelesen, ich besitze ihn; Sie wissen es ja, Gnade meinen Augen. Aufführen möchte ich ihn sehen, er muß sich durchaus gut machen. Kommt es in Berlin nicht dazu? Die arme Wittwe, Sie haben darin ihr arg mitgespielt!

Es geht aus meiner Seele, unter uns gesagt, daß Sie nicht gegen hier schreiben. In Ihrer Stellung dürfen Sie es nicht. Wie in Wallenstein möchte ich Ihnen zurufen: „Trau' ihnen nicht, sie meinen's falsch mit Dir."

Sie fragen mich, was ich treibe? wie ich lebe? mit was ich mich beschäftige?

Mit dem Worte einfach ist Alles gesagt. Im Winter wird erst um 6 Uhr aufgestanden, um achte

gefrühſtückt, dann kommt die Reihe des Haushaltes und
der Schreibereien. Von ¹/₂10 bis ¹/₂11 wird der Garten beſorgt und herum ſpaziert bei dem ſchlechteſten Wetter. Dann wird bis ¹/₂1 Uhr geritten, aus oder auf
der Bahn; dann Toilette gemacht und gegeſſen, ſelten
allein. Nach Tiſche wird gefahren, Beſuche gemacht und
auch angenommen, Abends denken Sie mich ſtets zu
Hauſe, leſend oder plaudernd, immer beſucht, manchmal
zu viel (aber ſagen Sie es nicht wieder), da Alle wiſ-
ſen, mich ſtets zu treffen. Nichts bringt mich, zum Aus-
gehen, nur auf Diners gehe ich. Ich quäle meine Bekannten und Umgebung mit Autographen-Geſchichten, wozu
Sie auch gehören, mir aber kluger Weiſe nie darauf
antworten.

Aber leidend war ich in den letzten Monaten ſehr.
Ich wollte Sie nicht damit peinigen. Doch nun, da es
ernſtlich beſſer geht, rede ich gerne davon; alſo ſtill gehalten und das Weibergeklatſche angehört. Am 3. October fiel ich hier im Garten mit der größten Gewalt
auf ein kantiges Holz auf den Magen. Die Schmerzen
waren heillos, ich hatte viel zu kämpfen. Fahren und
reiten konnte ich lange nicht, kurz, ich verlebte eine
traurige Zeit. Endlich war ich geneſen; aber nun fühlte
ich Schmerz an der einen Knieſcheibe; trotz meiner

Mahnung an den Arzt wurde nicht nachgesehen, und vor einigen Wochen entdeckt, daß das Gliedwasser unter der Kniescheibe ausgetreten sei. Ich kam in ärztliche Behandlung, wurde vor Schmerz bettlägerig, ging dann am Stock; Douche, Salben, Dämpfe — Alles wurde vergeblich angewendet, und jetzt, auf Blutigel, geht es bedeutend besser. Ist dies nicht tragisch?

Haben Sie den Kaffee richtig erhalten? Bitte um Antwort.

Freitag den 26. sende ich meine Siebensachen Ihnen zu, nebst einem Gebrauchszettel. Ehrlich begehre ich von Ihnen zu hören, was gut, mittelmäßig und schlecht war.

Mein Mann hat Ihnen auch wegen des Weines geschrieben.

Frau v. F. trägt mir auf, Ihnen zu sagen, sie danke gerührt für Ihr freundliches Andenken, welches ihr um so schmeichelhafter sei, da sie ihre unbedeutende Persönlichkeit längst daraus entschwunden glaubte; denn sie versetze sich in Ihre Sphäre. Viel Schönes von A.

Die Frau hat vollkommen Recht, ein Künstler wie Sie, welcher in den höchsten Zirkeln sich bewegt, beinahe nur mit ausgezeichneten Personen umgeht, sich dabei in das Studium der Alten versenkt, von den erhabenen Gestalten der Griechen umgeben, nun selbst als ein Held und

König des Alterthums auftritt und sich als solcher (wenn auch nur auf Stunden) fühlen muß und selbst Königen imponirt! — mich dünkt, auf diesem Standpunkte sei es sehr schwer, sich in freundschaftlichen, mittheilenden Beziehungen zu der kleinen bürgerlichen Welt mit ihren beengenden Verhältnissen, tausend Ansprüchen ꝛc. zu erhalten. Dies ist etwas ganz Anderes, als mit gleichgestimmten wenigen Freunden in innigem vertrautem Verkehr zu leben.

Ich bin ganz stolz, daß Sie uns nicht vergessen. Doch nun nichts mehr; es könnte Ihnen leicht einfallen, nicht mehr auf uns herabzusehen, und diese Lücke will ich nicht fühlen!

A. grüßt herzlich.

Haben Sie für hier keinen Wunsch?

Leben Sie wohl und gedenken Sie meiner.

Maria v. T. geb. v. O.

D., den 24. Nov. 1841.

NS. Wird der Löwe Sophia wieder bei Euch brüllen?

Ist die Faßmann wieder auf der Bühne?

Nicht die Hauptsache.

11.

Meine liebe, liebe, theure Freundin!

In diesem Augenblicke erhalte ich Ihr Schreiben, und, großer Gott! wie hat mich Ihr Unfall erschreckt! Gott weiß es, ich kann kaum die Feder halten. Seien Sie ruhig, meine theure Freundin, wenn ein solcher Fall nicht unmittelbar Folgen hat, hat er keine. Gott wird weiter helfen. Bald werden Sie wieder ganz genesen — aber schreiben Sie mir, ich beschwöre Sie darum, schreiben Sie mir Alles, und wenn nur zwei Zeilen. — Es ist doch gar zu arg für mich, so zittern zu müssen!

Sie söhnen mich ja fast selbst mit dem Schicksal aus. Es taucht eine Art von Hoffnung in mir auf, wenn ich mir eine solche Freundin denke, die Theil an mir nimmt, mich nicht verläßt, Unart und Uebereilung erträgt. Ach! was seid Ihr Frauen, wenn Ihr gut seid, für himmlische Wesen; wie weit über uns! — Ich habe K. auch nicht mit Worten beleidigt; aber ich bin mißtrauisch, und ein roher Ausdruck war Alles. Ich wollte Ihnen seinen ersten Brief schicken, um Ihnen zu beweisen, wie sein zweiter aus den Wolken fiel, und blos aus seinem Ich, weil ich nicht gleich antwortete, hervorging. — Der Mann kennt keine Künstlernatur, kein Künstlergemüth — abgemacht. Sie waren unwohl, sind's vielleicht noch — um diesen Preis könnte ich den Teufel um Verzeihung bitten, weil er einen Pferdefuß hat.

Ach, liebste Freundin! ich habe einige Briefe ausgezeichneter Menschen. Sie liegen versiegelt für den Fall meines Todes bei anderen Papieren. Wie ich öffnen kann — schicke ich Ihnen welche. Aber ich darf es nicht wagen, jetzt diese Papiere zu öffnen. Auch wollte ich Ihnen schon ohne Ihre Aufforderung die Antigone senden. Die Exemplare der Mecurenz sind vergriffen, man schlug sich ja darum.

Sie thun mir weh mit dem Ausdruck ersetzen. Was soll ich sagen? Habe ich schon gefragt, was das oder jenes kostet, womit Sie mich so reich beschenken? Ich bitte, kaufen Sie die Antigone nicht; ich schicke sie Ihnen zuverlässig.

Tausend Dank für Ihren köstlichen Kaffee; ich habe ihn schon gekostet. — Auch denke ich jetzt daran, an das Bild zu gehen. Genügt Ihnen eine einfache Kreidezeichnung?

Sie denken sich mich immer in Zirkeln, nein, theure Freundin, ich arbeite sehr viel und besuche fast Nie-

maud; ich mache kein Haus mehr; die Wirthin fehlt.
— Ich stehe hoch genug, um es nicht nöthig zu haben,
den Leuten die Zeit zu vertreiben oder der Medisance
Raum zu geben. Es ist aus; ich bedarf der Welt nicht;
ich lebe meiner Kunst und wenigen Freunden! —

Gibt es Ahnungen! Sie haben gewiß an mich ge=
dacht, als Sie am Fuße litten! Ich habe zum ersten
Mal im Leben unter der Kniescheibe des linken *)
Fußes plötzlich Schmerzen bekommen, rechts, nach innen!
Ich glaube an magnetischen Rapport; Sie nicht? Sie
müssen; es ist ja der einzige Beweis für die Fortdauer
oder für das Dasein eines geistigen Etwas!

Eine Notiz im Figaro ist da, ich sende sie Ihnen.
Sie wird in zwanzig Blätter übergehen, darauf verlas=
sen Sie sich! Ich habe sie nicht verfaßt — ich habe
aber die Broschüre dem Redacteur Hoff, der bei mir
war, gegeben und ihm eingeschärft, binnen zwei Tagen
den Auszug zu geben. Da ich ihn nie für etwas zu be=
nützen suchte, so war es natürlich, daß er mir hierin
gleich gefällig war!

Leben Sie wohl, meine theure liebste Freundin! Ich
erhielt Ihren Brief um vier und ein halb Uhr, jetzt ist

---

*) Herr Rott hatte richtig errathen.

Marie v. T. geb. v. O.

es fünf. Die Post geht, und ich wollte gleich schreiben. Ich grüße Niemand, Niemand; alle meine Grüße,
alle meine Wünsche gehören Ihnen, aber wenn Sie
wollen, so grüße ich meinen Todfeind.

Adieu, ich küsse Ihre Hände
und den armen kranken Fuß.

Ihr

Rott.

Berlin, 27. Nov. 1841.

Beinahe hätte ich wieder Datum und Unterschrift
vergessen. Sehen Sie, das kommt, weil ich mehr an
Sie als an mich denke.

Mit einem so schlechten Stücke, wie der Freiwerber,
debütire ich nicht. Es kommt wohl was Besseres, wenn
Gott mir Lust und Leben gibt, wo nicht: Adieu!!

12.

Hat Sie wirklich mein Zustand so geängstigt, verehrter Herr Rott? Beruhigen Sie sich. Ich würde
gestern gleich nach Empfang Ihres Briefes geantwortet
haben, allein er wurde mir in dem Augenblick gegeben,
wo abermals Blutigel an dem Knie sogen, und so mußte
ich es auf heute verschieben. Es geht mir immer lang-

fam beffer, zur Heilung werde ich nichts verfäumen.
Ich habe mir für hier Termin gefetzt; ift der vorüber,
fo fuche ich Hülfe in einer andern großen Stadt, bei
einem Arzte, ich denke aber, es wird nicht nöthig fein.
Mein Mann ift glücklich über den Figaro (nur
hätten Sie ihn ganz fchicken follen). Er dankt fehr.
Noch ift das Schickfal des Trio's nicht entfchieden, doch
fürchte ich, fie fiegen. —
Oeffnen Sie nicht Ihre Papiere wegen meiner; es
könnte mich ängftigen. Auch wurde ich vor einigen Tagen
fehr reich befchenkt. Ich dachte, Sie könnten ohne Mühe
durch Ihre Freunde Manches erhalten, aber Ihr Eigenthum will ich nicht. —
Ich wünfche Ihr Bild ähnlich, die Manier ift gleich.
An Ahnungen, ja, daran glaube ich, doch nicht an
magnetifche Kraft. Ich wurde einer fchlimmen Gehirn-
krankheit halber im 24. Jahre magnetifirt von einem
achtbaren Arzte, den ich wie meinen Vater liebte. Man
wußte mich nicht zu heilen und Alles fchlug fehl. Damit will ich nicht fagen, daß ich nicht Ihrer gedenke.
Wir fprechen Alle oft von Ihnen, und es wäre nicht
übel, könnten Sie laufchen.
Für jetzt muß ich fchließen. Ein Berg von Pflich-
ten ift zu überfteigen heute. Ich wollte nur herzlich

danken für Ihre Theilnahme und schnelle Antwort. Sehen Sie diese Zeilen nicht als Brief an. Leben Sie wohl und gedenken Sie Ihrer ergebenen

Maria v. T. geb. v. O.

D., den 1. Dec. 1841.

Von dem Todfeinde? Darf ich da sprechen ein ander Mal?

Mißtrauisch? Hofmarschall Kalb: Daß sie stehle etwa?

13.

Soeben erhalte ich den Frachtbrief einer Kiste. Theure Freundin! Was machen Sie sich für Plage und Mühe und Unkosten! Ich schäme mich todt, aber ich freue mich doch außerordentich. Wie weiblich, wie lieb, wie herzig sorgen Sie für mich; wie beschäftigen Sie sich mit mir! Sie sind doch gar zu gut! Wissen Sie, daß meine Augen voll Wasser stehen, ohne daß ich Ihre Weihnachtsbescheerung noch angesehen oder erhalten habe? Ich bedanke mich nicht im mindesten bei Ihnen, Sie verlören das Beste von meinem inneren Gefühl, wenn ich ein Wort darüber spräche. Adieu, Adieu! Darf ich sagen: liebe Maria?

Ich bin faul. Mittwoch habe ich den Lear*) gespielt; jetzt ist Ruhezeit. Grüße an F. und A. und O.

Ihr

Rott.

30. Nov. 1841.

---

*) König Lear versammelt jedesmal ein zahlreiches Publi-
kum, und das mit Recht; denn der Darsteller der Titelrolle
zählt den Lear unter seine gelungensten Kunstproductionen. Wer
das Bild, das er uns von ihm entwirft, in allen seinen feinen
Nuancen und Schattirungen, namentlich in den Fluch- und
Wahnsinns-Scenen genau verfolgt und sich die Wahrheit und
Schärfe, womit Herr Rott diesen Charakter auffaßt und wieder-
gibt, recht zum Bewußtsein bringt, wird zugleich gestehen müssen, daß er ihm das Gepräge der Eigenthümlichkeit zu geben gewußt hat. Dahin rechnen wir vorzüglich die Scene zwischen
ihm und seinen Töchtern Regan und Genneril, bevor ihn der
Wahnsinn erfaßt. Die Selbstbeherrschung, das Bewußtsein der
Hoheit kämpft gegen die übermannenden Schrecken des Wahnsinns, des vor dem Frevel, wie ihn keine Zunge auszusprechen
vermag, in sich selbst zusammenbrechenden Schmerzes, mit dem
heiligen Zorn, von dessen Lippen der Fluch donnert — und
diese feinen, oft schwer zu erkennenden Uebergänge vom Bewußtsein der Hoheit zum kindisch weinenden Schmerz und den ersten
Anwandlungen des Wahnsinns, der immer enger und enger
mit eisiger Hand das Herz des Unglücklichen umklammert, zeich-
net Herr Rott mit einer Meisterschaft und einer selbstbewußten
Herrschaft über seine Mittel, die ihn als Künstler den ersten
und glänzendsten Namen einreiht. Einstimmig wurde er nach
diesen Scenen am Schlusse des zweiten Actes gerufen.

Aus dem „Figaro".

14.

Nun besitze ich die Antigone, und habe es Ihrer
Güte zu danken. Ich fand noch keine Zeit des Allein=
seins, um ruhig und gefaßt lesen zu können; aber das
Wenige hat mich schon entzückt; ich werde später wieder
darauf zurückkommen.

Für die Beurtheilung Ihres Lear danke ich. In
allen Ihren Leistungen wird Ihnen wohl ein gleiches
Lob? Die einzige Rolle, welche ich von Ihnen sah, wird
mir unvergeßlich bleiben, so wie auch an jenem Abend
die Declamation des Ojnps. Wie oft werden die Haupt=
stellen profanirt von uns wiederholt! Die Worte sind es
wohl, aber sonst klingt es erbärmlich! Nur einmal in
diesem Leben möchte ich Sie in einem bedeutenden Rollen=
cyclus sehen. Ich hoffe immer, es läßt sich machen, nur
hier nicht, wenn die Regierung bleibt.

Sehen Sie meine kleine Gabe um Gottes willen
nicht als Weihnachtsbescheerung an. Das ist noch lange
hin. Sie sind kein Kind mehr, nur für diese passen Ge=
schenke zu der Zeit. Die ewigen Himmelsthränen wer=
den auf meine armen Metzgerproducte schlimmen Einfluß
gehabt haben. Ich denke, Sie helfen sich durch Weg=
geben. Die andern Dinge halten sich länger. Es hat
mir große Freude gemacht, daß Das, was ich selbst

hier kochte, in Berlin von Ihnen verzehrt wird. Ich
habe jetzt selbst erfahren, wie unangenehm das Wörtlein
„Unkosten" bei eigner Anwendung klingt. Sie haben
mich wohl strafen wollen? Es ist geglückt, ich werde es
nicht mehr gebrauchen.

Den 2. dieses gab der englische Gesandte einen Ball,
der Geburt des Thronerben zu Ehren. Man versprach
sich etwas ausgezeichnet Schönes, alle Herren gingen in
Uniform hin und die Damen in größter élégance. Da
nun der Gesandte einer der wenigen hohen Personen ist,
der zu uns kommt, seiner großen Blumenliebhaberei
wegen, so ließ ich mich bereden hinzugehen. Eine schwere
Aufgabe, bis Kleid und Kopfputz gewählt waren; man
wollte doch auch sich zeigen. Auf $\frac{1}{2}$9 Uhr war ein-
geladen, um 5 Uhr bekomme ich mein Kleid; es paßt
nicht; wird wieder mitgenommen. Um $\frac{1}{2}$8 wird der
Kopfputz aufgesetzt; er paßt nicht, und nun — blieb ich
ruhig zu Hause und wurde ein Bischen gezankt wegen
meines tollen Lachens.

Aber, verehrter Herr Rott, beklagen Sie mich ernstlich. Den 29. dieses muß ich der großen Tanzlust der
jungen Leute fröhnen und einen Ball geben. Es muß
vorher Alles passen, ich kann zu Hause bleiben und habe
doch die Plage. Ich zittere, wenn ich an die Unruhe

4 *

und Langeweile denke. Wenn ich von den Damen, welche die große Welt besuchen, so raisonniren höre, möchte ich mich in ein Schneckenhaus zurückziehen; eben so wird es über uns hergehen!

Wenn Sie mir wieder schreiben, sagen Sie mir doch, ob und was Sie lesen, beschäftigen Sie sich mit der jungen Literatur? Sagen Sie mir, ich bitte, dies genau. Lieben Sie Göthe? Ich könnte Ihnen dann etwas von ihm geben, welches Niemand als ich besitzt, was keineswegs belehrend oder unterhaltend ist, aber doch interessant. Sie müssen ihn aber lieben, sonst hat es keinen Werth, und ich gebe es nur seinen Anbetern. Rathen Sie, wie Sie immer wollen, Sie findens nicht, und nur ich habe es.*) Bettina's Briefe an Göthe, haben Sie diese gelesen, und sind diese in Ihrem Besitze? Bitte um Antwort.

Leben Sie wohl, O. war gerade anwesend, als mir Antigone gegeben wurde. Er, meine treue gute v. F. und A. grüßen sehr.

Ihre ergebene

Maria v. T. geb. v. O.

D., den 7. Dec. 1841.

Mit dem Pedal geht es stets langsam besser.

---

*) Nur nicht nein gesagt aus Bescheidenheit, ich besitze es vielfältig.

15.

Nur wenige Worte, meine angebetete Freundin, nach einem langen, langen Schweigen. Diese Zeilen sollen Ihnen nur wiederholen, daß ich immer Ihrer gedenke, auch wenn ich nicht schreibe. — Ihre lieben Fragen lasse ich alle für diesmal unbeantwortet, weil sie einer Auseinandersetzung bedürfen, der ich mich jetzt nicht hingeben kann. Nur das Eine muß ich sagen: ich liebe Göthe nicht besonders, nur im einzelnen Unerreichbaren, Unvergänglichen staune ich ihn an! — Ich möchte es selbst Ihnen nicht sagen, aus doppelten Gründen, warum ich verworren und wenig schreibe — und muß es doch. — Der erste Grund wäre — um Ihrer Theilnahme für mich nicht immer zuzusetzen, wenn ich, ein zweiter Jeremias, nichts als Klagelieder singe. — Der andere, weil ich mich halb und halb schäme von Theater-Angelegenheiten zu sprechen.

Im Ganzen aber müssen Sie es doch wissen, daß es die Kunst, die Intrigue, die Erbärmlichkeit ist, mit der ich hier zu kämpfen habe, eben weil ich nicht ohne Talent bin. Ja, ich habe viel Kummer allein zu tragen. Wie geht es Ihrem Fuße? — tausendmal des Tages dachte ich daran. — Echauffiren Sie sich nicht

zu Ihrem Balle, das könnte schaden. — Zum neuen
Jahre gratulire ich Ihnen in meinem nächsten Briefe,
in diesem aber dem alten Jahre. — Vielen, vielen
Dank für Ihre reichen Gaben; alle meine Freunde
danken mit.

F. A. bitte zu grüßen.   Ihre lieben Hände küssend
Den 17. Dec. 1841.   Rott.

16.

Schon seit einigen Tagen, verehrter Herr Rott,
drängte es mich, Ihnen die schmähliche Sudelei zu senden, die Hr. G. wegen meines Mannes und mir vor
acht Tagen hat austheilen lassen. Ich wurde immer davon abgehalten. Da kommt heute Ihr Brief, der drückende
Klagen ausspricht. Ich bin Ihnen von Herzen gram,
daß Sie nicht mittheilender sind!

Hier lesen Sie, und sehen Sie daraus, welchen
gemeinen Worten wir ausgesetzt, ohne zum Theater zu
gehören und ganz unschuldig an dem damals erschie-
nenen Schriftchen sind. Daß hier Alles über diese
Gemeinheit starrt, brauche ich Ihnen wohl nicht zu
sagen.

Den Verfaffer haben wir am Styl gleich erkannt. Es ift ein hiefiger Journalift, der voriges Jahr um diefe Zeit im höchften Elend der Geburt eines Kindes entgegenfah und nichts als Heu und Stroh hatte, um es zu kleiden und zu betten. Ohne Wiffen meines Mannes habe ich mir ein Weihnachtsgefchenk damit gegeben, Alles für die Eltern zu fchaffen und habe lange, lange Zeit für fie geforgt. Ich konnte nicht umgehen, daß fie wußten, woher es kam, und das ift nun mein Dank!

Bitte, fagen Sie mir Ihre Klagen, wenn es Sie erleichtern kann; aber fagen Sie mir auch eben fo aufrichtig, daß es Sie langweilt, mir öfter zu fchreiben!

Einen kleinen Spaß wollte ich Ihnen zu Weihnachten fenden: ein ganz kleines Sopha (Nadelkiffen), da Sie öfter über Trägheit klagten. Man kann aber hier nichts zur rechten Zeit kriegen, und da muß ich es erft gegen Ende diefes fenden, mit meinen beften Wünfchen für die Zukunft. Ich erwarte von Ihnen einen Gratulationsbrief noch in diefem Jahre!

Mit meinem Fuße bin ich zufrieden.

Leben Sie wohl und gedenken Sie in dem Maße gut von uns, wie hier gedruckt Schlechtes fteht. B. ift schon seit Wochen krank an der Rose. Frau v. F. und A. grüßen.

Ihre ergebene

Maria v. T. geb. v. O.

D., den 20. Dec. 1841.

17.

Obgleich Sie gewiß alle nöthigen Requisiten besitzen, um sich auszuruhen, wage ich es doch, Ihnen dies kleine Ungethüm für die Etagere zu schicken, mit meinen herz= lichsten Wünschen für die kommende Zeit.

Kein Jahreswechsel ist für diese Wünsche nöthig. Glauben Sie mir, ich meine es recht herzlich und auf= richtig mit Ihnen: Seelenruhe sei Ihr Loos für die Zukunft!

Der heilige Christ war freundlich gegen mich: ich hatte Gelegenheit eine verschämt arme Familie zu unter= stützen.

Leben Sie wohl, meine Kürze entsteht durch die nahen Ballfreuden und — ich glaube auch, daß Sie kein Feind davon sind.

Ihre ergebene

Maria v. T. geb. v. O.

D., den 28. Dec. 1841.

18.

Nach recht langen, im Bette zugebrachten langweiligen traurigen Tagen sitze ich zum ersten Mal wieder am Tische und schreibe Ihnen, meine einzig liebe, theure Maria! Sie hätten mich gestern sehen sollen, als ich Ihr liebes, theures, köstliches Geschenk bekam. Ich weinte recht herzlich darüber! — Ich habe so viel diese Weihnacht verschenkt und bekommen, das war mir aber Alles sehr gleichgültig. Bei Ihnen ist es mir, als säße auf jeder Nadelspitze ein guter Wunsch Ihres edlen Herzens, und als sei das Kettchen, so fein es ist, unzerreißbar, wie die Sympathie meines Geistes für Sie. — Ihr Verstand, meine theure Maria, wird Ihnen in diesen Zeilen sagen, daß ich unruhig, verstört bin, und in der That, ich würde es nicht wagen, zwei Zeilen zu schreiben, aus Furcht, keine Periode richtig zu bauen, aber Sie erhalten ja den Brief, und so rede ich frisch darauf los! —

Zürnen Sie mir nicht, theure Maria, wenn es vielleicht Kleinlichkeiten sind, die mich so verwirren, wenn Rollen und andere Erbärmlichkeiten meine Verstimmung hervorbringen; ich habe ja Niemand, der mich in meinem Hause aufheitert, erträgt, ermuntert; ich, der nie

allein stand, der immer von Weibern edler Art gepflegt
und gehätschelt wurde, bin so mißtrauisch geworden, daß
jede Annäherung der Frauen, die mich sonst entzückt haben
würde, mich mehr zurückstößt. — Könnte ich Sie auf
eine Stunde sehen, eine einzige Stunde Ihre liebe
Hand mit unzähligen Küssen bedecken, ich glaube, die Eis-
rinde meiner Brust, die mich erdrücken möchte, würde
bald geschmolzen sein. —

Der Wisch, vergeben Sie mir den Ausdruck, ist so
erbärmlich verfaßt, so aus der Luft, mit ängstlichen Wort-
spielen gespickt, daß man nicht begreifen kann, wie ein
sonst nicht ungeschickter Mensch, wie Beu—, so etwas
schreiben konnte, denn ich glaube: es ist Beu—. Die
erste Schrift ist so tüchtig, daß sie, und ich verstehe mich
auf so was, noch nach zwanzig Jahren, nach G.'s Tode
noch — der Geschichte des Theaters angehören wird
— die jetzige Schmieralie ist für den Augenblick ein
Nichts, für die Zukunft ein Schandfleck mehr. —
Wie großen Antheil ich an Ihrem Hause nehme, brauche
ich Ihnen nicht zu sagen — aber gewiß, gewiß, ich
sagte, als ich die Schrift las: wie sich der arme
Teufel gequält, um nur etwas entgegen zu bellen, nicht
zu sagen.

Ein neues kleines Stück von der Prinzeß von Sachsen,

„Der alte Herr", zwei Acte, hat hier, ich darf es
schon sagen, durch mich, sehr gefallen. Die Blätter
faseln, ich hätte Iffland u. s. w. wieder aufleben lassen.
— Nun, wie Gott will, ein andermal werden sie wieder maliciös sein, diesmal ging's nicht.

Den 29. ist ja Ihr Ball. Ich bin froh, daß ich
nicht in D. bin — Sie hätten mich vielleicht durch
eine Einladung geehrt, ich hätte Sie dann gesehen, wie
Sie für Jeden ein Wort, ein Lächeln haben — und
hätte mich ungeheuer geärgert; denn nebst dem, daß ich
ein erträglich guter Mensch sein mag, bin ich noch ein
ganz eifersüchtiger Teufel, ja Teufel, ob ich ein
Recht dazu habe, oder Keines wie bei Ihnen,
das ist gleich, ich bin denn doch ein Teufel, ein ma-
liciöser Teufel!

Ich kann den armen B. nicht beklagen, im Gegentheil. Die Rose wird ihm weniger Schaden bringen,
als die andere, die er pflücken wollte, und durch be-
sondere Fügung des Himmels und eines Weinreisenden
verlor. —

Sie werden diesen Brief am Tage nach Ihrem
Balle erhalten und sich gewiß gerne damit beschäftigen.
Arme Maria, welche Plage, welche Last — nun viel-
leicht auch welche Freude, welche Heiterkeit! — Ich

wünschte wohl, ich fiele Ihnen mitten im Trouble ein! Wie geht es mit dem Fuße? — Im letzten Brief kein Wort davon, das ist abscheulich!

Das alte Jahr möge sich fröhlich für Sie schließen, das neue so beginnen und durchdauern. — Die liebsten Wünsche möchten sich Ihnen erfüllen, die geringen als Hoffnungen zeigen, damit Sie immer zu wün - schen haben. Das soll keine Neujahrsgratulation sein, es soll Sie nur daran erinnern, daß ein Mensch mehr für Sie zum Himmel betet, wenn dieser Mensch je an den Himmel denkt.

Herzliche Grüße Ihrem Gatten, dem ich im neuen Jahre schreiben werde, Frau v. F. und A.

Adieu, meine liebe, theure, gute Maria! Den Ton müssen Sie sich schon gefallen lassen, ich schreibe immer, wie ich denke.

Immer mit ganzer Seele

Ihr

Rott.

Berlin, den 28. Dec. 1841.

Können Sie denn auch die Unterschriften hochstehen- der Männer (lebend und gestorben) brauchen?

19.

Waren Sie wirklich krank? Dies bedaure ich von Grund der Seele, allein ein ganz klein bischen arg habe ich mich über Sie geärgert! Auch mich würde es sehr freuen, Sie eine Stunde zu sehen, doch nur um Sie tüchtig zu schelten! Wie lange ist uns schon Ihr Bild versprochen? Nun dachte ich in meiner gutmüthigen Einfalt, die Feiertage wird es auf die Reise gehen; aber nein! Wohnten wir in Nova Zembla oder an den Ufern des Missisippi, es könnte nicht länger dauern; gestehen Sie nur immerhin, Ihr Versprechen reut Sie, Sie haben weder Geduld, noch Lust, noch Zeit dazu.

Von der mir aufgedichteten Weihnachtsgabe weiß ich nichts. Sagen Sie mir, was es war, und hätte ich gewußt, daß Ihnen damit Freude geschieht, würde ich es gesendet haben, doch nicht geheim.

Ihre Autorvermuthung ist nicht richtig. Sie schrieben mir den Anfang des Namens. Daß ich recht errathen, hier das Ende .... mann. Es ist — kann man so etwas dem Papier vertrauen? — .verbrennen Sie diese Zeilen — Z.

Der Ball wäre denn glücklich vorüber mit allen seinen Leiden, Freuden und Plagen. Wie schlimm erging es mir! Ich habe auf dem Balle etwas verloren und

bis jetzt noch nicht wieder zurück erhalten: ein Ding,
was wir Damen nicht verschmerzen können, so nöthig,
wie das Leben brauchen, ohne das wir nichts sind,
doppelt, wenn wir eine Fête geben, wenn wir die artige
Wirthin machen wollen — rathen Sie — meine Stimme!
Schon eine Stunde vor dem Beginn wurde ich heiser.
Dies nahm durch die Anstrengung der Liebenswürdig-
keit so zu, daß ich beim Souper mich entfernen mußte,
um mich nur einigermaßen zu erholen. Noch heute bin
ich schlecht bei Stimme, huste, muß das Zimmer hüten
und besitze alle Annehmlichkeiten eines argen Brust-
katarrhs. Mit dem Pedal geht es leidlich besser.

Meine Autographen-Sammlung, die sollten Sie jetzt
sehen; hui, die ist schön! Können Sie mir wirklich
etwas schaffen, lebend oder todt, gleichviel, wenn auch
nur Unterschrift, aber ich bin jetzt so reich, daß ich
Ihnen, wenn es Sie freut, Vieles geben kann. Ich
schicke Ihnen dann ein Register, antworten Sie mir
hierauf, ich bitte sehr. Wenn Sie mir etwas schicken,
nur nicht frankirt; es ist sicherer.

Welches angenehme, wohlthuende Gefühl muß es für
Sie sein, durch Ihre Kunst so vielen Menschen Freude
zu bereiten! Genießen Sie doch dieses mit vollen Zü-
gen und werfen Sie alles Andere, Armselige hinter sich!

Dies ist mein innigster Wunsch für Sie. Leben
Sie wohl und gedenken Sie der armen stimmlosen
Kranken.

Ihre ergebene

Maria v. T. geb. v. O.

D., den 5. Jan. 1842.

A. und Frau v. F. grüßen.

Heute bescheere ich den heiligen Christ.

20.

Meine liebe theure Freundin! Warum zweifeln Sie,
daß ich krank gewesen? Das ist Unrecht; ich sollte Sie
belügen? Alle Frauen, wenn Sie wollen, nur Sie
nicht! Ihre Vorwürfe sind gerecht. Sie sollten das Bild
schon haben, und hätten es auch schon, aber es geht dem
Maler, wie meinem Schöpfer: er hat mich verdorben!
Nach acht Sitzungen ist die Fratze fertig, und nicht zu
brauchen — ich bin in der That nie getroffen worden! —
Nun hat sich ein Wundertreffer gemeldet, der mich in
zwei Sitzungen, jede eine Stunde, genau wiedergeben
will — eine Kreide-Manier, aber wirklich, was ich
von Andern sah, war trefflich. Morgen sitze ich zum
zweiten Male und dann sollen Sie es mit ein paar

nicht besonderen Unterschriften haben. — Nehmen Sie
es so nachsichtig und so freundlich wie das Original
auf. — Das Herz läßt sich ja nicht malen und mit
seinen widerstrebenden Empfindungen nicht schildern oder
beschreiben. Ich glaube, Sie können Ihrem Edelmuthe
folgen! Das ist es ja eben, theure Freundin, daß ich in
der Kunst mit so vieler Erbärmlichkeit zu kämpfen habe!
Ich meine nicht mehr um f i e — ich beneide sie. Mein
Leben wird mir gerade durch Erbärmlichkeiten und Um-
triebe, durch B r a ch l i e g e n meines Talentes so zerstört,
daß ich mich immer mehr mit dem Entschlusse befreunde,
Berlin, vielleicht das ganze Theater zu verlassen! Genug
davon. Ich brauche sehr wenig, wenn i ch w i l l. —
Eins muß ich Ihnen auf meine E h r e versichern —
Ihr liebes Geschenk, I h r e N a d e l, macht A u f -
s e h e n, auf dem Balle, in der Soirée, bei Tage —
bewundert man Ihren Geschmack. Und in der That,
es ist hier nichts Aehnliches zu haben. Von heute an
will ich sie nur bei f e s t l i ch e n Gelegenheiten tragen.
Habe ich nicht Recht gehabt, Ihren Geschmack stets zu
bewundern? Sehen Sie, daß ich kein hohler Schmeichler bin?

Tausend Dank für das schöne Möbel. Ach, wäre
es ein großes, und Sie säßen darauf, und ich läge als

Schemel daneben, da könnte der Krampf sich auf ein
paar Augenblicke lösen! Ehrgeiz, Neid auf das Talent,
auf das wahre und das mittelmäßige, das oft
am besten besteht, und wie alle die Dämonen heißen —
schweigen in Ihrer lieben, beruhigenden Nähe! Nun, ich
will hoffen, daß ich Sie fern von Berlin, das meine
schönsten Jahre vergiftet hat, wiedersehe.

Grüße an meine Freunde! Adieu; ich bedecke Ihre
liebe Hand mit unzähligen Küssen! — Was sollen mir
Autographen — ich sammle keine. Es gibt nur wenige
mir werthe Unterschriften — nur Eine mir wertheste
Handschrift.

Mit Herz und Seele

Ihr

8. Januar 1842.   Rott.

21.

Eigentlich, verehrter Herr Rott, wollte ich Ihnen
erst nach Empfang Ihres Bildes schreiben, um Ihnen
auch gleich unsre Freude ausdrücken zu können über das
Gelingen desselben; allein ich habe Ihnen so Manches
zu sagen, was ich nicht länger auf dem Herzen haben

5

möchte! Nach Ihren letzten Zeilen scheinen Sie auf
Augenblicke den Zweck unseres Daseins zu vergessen,
und ob es gleich recht kühn von mir ist, Sie daran zu
erinnern, so wage ich doch Ihnen zuzurufen: Wir sind
geboren, um so viel Gutes zu schaffen, wie es nur unsre
Kräfte erlauben. Wie vielen Menschen ist dieses Glück
in kleinem Maße gegeben; aber Sie, ein Künstler ersten
Ranges, der durch treue Darstellung edler Charaktere
als auch des Lasters ungeheuer einwirkt, ein solcher
Künstler will, durch erbärmliche Intriguen, Neid und
Mißgunst gestachelt, seine ihm von Gott vorgezeichnete
Bahn verlassen, um andere kleinliche Menschen über sich
triumphiren zu sehen. Nein, wahrlich, dies dürfen Sie
nicht! In Ihren besten Jahren wollen Sie Ihre Kräfte
lähmen, und sich dann am Ende namenlos unglücklich
machen und fühlen! Ist Berlin die Welt? Hamburg,
Dresden, Wien, sind da Talente nicht auch geschätzt?
Ich kann mir wohl denken, welcher Schlangen mephisto
Sie umkreist und begeifert. S.......nn? Nicht wahr,
ich kann Rathsherr werden? Dieser Herr hat einen un-
begreiflich schlechten Charakter; ich habe immer viel von
ihm gehört. Sie werden ihm diese Freude nicht gönnen, ich beschwöre Sie darum, wir sind Alle erschrocken
über Ihren Gedanken; ich hoffe, es war nur ein kalter

Blitzstrahl, der eben so schnell verraucht, wie er urplötz-
lich kam.

Glauben Sie, daß hier in unsrer guten Stadt nicht
viele Menschen sind, die mit Geschmack wählen können?
Warum soll gerade ich die Nadel gesendet haben, die muß
ja ein Wunder von Schönheit sein!

Es ist zum Verzweifeln, daß Sie so gar nicht neugierig sind. Wären Sie eine Dame, wie gespannt würden Sie gewesen sein, zu wissen, was ich von Göthe
besitze. Sie denken gar nicht mehr daran, wie Sie überhaupt oft meine Fragen unbeantwortet lassen — ein ächtes
Künstlergenie.

In meinem letzten Briefe klagte ich über Heiserkeit,
und noch bin ich nicht hergestellt. Vor zwei Tagen
durfte ich zum ersten Male ein wenig in dem Garten
mich ergehen, und wie ich mich um die Ecke des Hauses
wende, steht vor mir — Z......., der mich recht gut
kennt, fragt mit süßlicher Stimme, ob er die Ehre
hätte, Frau v. T. vor sich zu sehen. Auf bejahende
Antwort bot er mir einen von ihm geschriebenen Roman
an, den ich natürlich kalt, vielleicht auch streng ab-
wies. Das Blut kochte mir. Welche Frechheit! Welche
Unnatur!

Daß Sie krank waren, wollte ich nicht glauben, weil

es mir leid that. Mit meinem Fußübel geht es nicht
besser, doch auch nicht schlimmer.

Beherzigen Sie meinen Sermonsbrief, ich meine es
ernstlich und ehrlich.

Leben Sie wohl! F. und A. schließen sich meiner
Bitte an.

Ihre ergebene

Maria v. T. geb. v. O.

D., 17. Jan. 1842.

22.

Meine liebenswürdige, hochverehrte Freundin! Warum
habe ich so lange kein schriftliches Lebenszeichen von Ihnen
erhalten? Sie sind doch nicht unwohl? Sie haben sich
doch nicht auf Ihrem Balle erkältet? Ich bin wirklich
in Angst! Oder sind Sie mir böse und wollen nicht
schreiben? Oder mein letzter Brief an Sie ist nicht angekommen? Er war ja Ihrem Willen gemäß unfrankirt.
Da sehen Sie viele Oder in Einem Athem und jedes
Oder spricht meine Zweifel an der Fortdauer Ihrer
Freundschaft aus. Nicht, als ob ich Sie nicht zu den
seltenen, tief erfassenden Frauen zählte; ich halte mich
nur nicht für den würdigen, stets im Andenken bleiben-

den Freund! Ich bitte, beruhigen Sie mich! Mein Bild
ist heute durch die Post an Sie abgegangen. Nehmen
Sie es freundlich auf! Es ist etwas sehr ernst, denn ich
blicke selten freundlich; aber man findet die Aehnlichkeit
und besonders das Auge frappant. Nous verrons, was
Sie sagen. Von einem der besten Maler ist es gemacht.
Nächstens erscheint eine Lithographie. Ich werde mich
Ihnen dann noch einmal senden; ich will mehr als ein
Mal aufgehangen von Ihnen sein. Ist das nicht
ein seltener Ehrgeiz?! —

Neu war bei uns der Columbus. Das Stück hat
nichts gemacht; es ist breit, schwülstig und ohne poetische
Erfindung. Seydelmann hat vielen Ernst zur Hauptrolle
mitgebracht, aber es fehlt ihm stets an innerer Begeiste-
rung, und wo er nicht schnörkeln und verzieren kann,
geht's nicht. Sein Hauptfehler in der Darstellung war
aber, daß er den Columbus mit fünf und sechzig Jahren
zu spielen begann und mit fünf und dreißig Jahren
aufhörte. Je nun!

Die herzlichsten Grüße an Alle, die sich meiner
freundlich erinnern. Ich schicke Ihnen auch ein paar
Namen; aber im Namen aller todten und lebenden Auto-
ritäten bitte ich Sie, mich nicht zu vergessen. Ihr

18. Jan. 1842.   Rott.

23.

Den 21. dieſes, Abends 5 Uhr, habe ich Ihre verehrten Zeilen vom 18. erhalten und bis jetzt iſt noch
kein Bild angekommen, was ich der übeln Witterung
zuſchreibe. Ich ſchicke erſt dann dieſe Zeilen weg, wenn
ich Ihnen danken kann, da durch meinen am 17. ab-
geſchickten Brief alle „Oders" beantwortet ſind. Für die
Autographen danke ich ſehr. Ladenberg lebt, das weiß
ich; aber die andern? und ſind ſie todt, bitte, iſt es
Ihnen nicht gar ſo mühſam, ſo ſagen Sie mir das
Jahr ihres Todes; aber antworten Sie auch hierauf.

An Bettina habe ich vor vierzehn Tagen ein Geſchenk geſendet nebſt Brief von Dr. St., ein Geſchenk
Göthe betreffend. Wir ſind ohne Antwort; iſt ſie vielleicht nicht in Berlin? Sehen Sie, heute, verehrter Herr
Rott, habe ich meinen Frage- und Plage-Tag. So geht
es, wenn man mir über Unbeſchäftigung klagt. Sagen
Sie mir doch auch, ob Herr Hofrath Dorow noch lebt
und noch in der Mauerſtraße wohnt. Ich werde mich
in Correſpondenz mit ihm einlaſſen. Er ſoll die bedeu-
tendſte Autographenſammlung haben und gerne tauſchen.
Doch mache ich wahrſcheinlich B. zu meinem Secretair;
er hat ſich in letzter Zeit ſehr zu ſeinem Vortheil verändert; wir Alle können ihn nur loben.

Wenn Sie mir diese Aufträge besorgen und beant-
worten, so haben Sie zu thun!

Dorow soll besonders viel von Bettina und dem
Fürsten Pückler besitzen. Können Sie mir denn keine
Zeile von der Wolf und der Crelinger schaffen? Soll
ich an diese Damen schreiben? Bitte, antworten Sie
und sagen Sie mir offen, was Sie von diesen Aufträ-
gen besorgen können und wollen!

Sonderbar, daß wir beide von der nämlichen Person
schreiben, nur auf verschiedene Art!

Ich dachte, Sie benutzten Ihres Königs Abwesenheit, um nach Stettin zu gehen; denn eine große Stille
wird bei Ihnen sein, da Ihre Königin in Trauer ist.
Von ihr besitze ich ein allerliebstes Billet, aber nicht an
mich; es ist mir doppelt interessant, da sie von einem
Individuum spricht, das ich kenne und eine meiner
Nichten heirathen wollte, was ich hintertrieb! Sie ruht
im Grabe und er ist im Elend durch eigene Schuld.

Mit meiner Gesundheit bin ich noch immer nicht
zufrieden; ich kann den fatalen Husten und die Heiserkeit nicht los werden; es sind unverschämte Gäste. Doch
ist es kein Besorgniß erregender Zustand. Nur fürchte
ich, den Sommer über in ein Bad geschickt zu werden,

und dies ist mir ein Gräuel, auch wegen des Fußes, der noch nicht ganz gut ist.

Heute sind Sie tüchtig von mir in Anspruch genommen. Ich werde ja sehen, ob es Ihnen nicht zu arg ist und ob Sie mir ehrlich etwas besorgen.

Freundlichst grüßend

Ihre ergebene

Maria v. T. geb. v. O.

D., den 23. Jan. 1842.

Den 24. Jan.

Noch jetzt ist nichts gekommen, es ist 9 Uhr Morgens vorüber und um 11 Uhr geht die Post. Wie ich Ihre Sendung bekomme, zeige ich es Ihnen mit dem besten Dank sogleich durch ein paar Worte an. Das Nichtfrankiren hat mir mein Mann gerathen, indem Alles sicherer ankommt. Das große Opfer, welches Sie durch Sitzen beim Malen brachten, erkenne ich; es ist höchst langweilig. F. und A. grüßen.

24.

Endlich, verehrter Herr Rott, habe ich heute um 12 Uhr Ihr Bild erhalten und meine Ueberraschung war groß, da ich ein schwarzes Gesicht erwartete und es in Farben fand. Außerordentlich ähnlich, dabei sehr gut gemalt. Mein Mann war bis jetzt der Einzige, der es sah und stimmt mir vollkommen bei!

Die Haushälterin half mir beim Auspacken, hatte keine Ahnung, was da kommen würde, und wie der Deckel wich, rief sie gleich: „Ach, der Herr Rott!" und „wie schön!"

Nehmen Sie meinen besten Dank für das große Opfer Ihrer Zeit, das ich zu würdigen weiß.

Leben Sie wohl und lassen Sie bald etwas von sich hören.

Maria v. T. geb. v. O.

D., den 24. Jan. 1842.

25.

Meine liebe, theure, verehrte Freundin!

Es ist keine Ausflucht, wenn ich Ihnen sage, daß ich wieder unwohl war, als unwohl auf dem Zettel paradirte und verstimmt und faul war. Wäre jeder Gedanke, mit dem ich bei Ihnen bin, ein Buchstabe, Sie könnten, wie die Indianer, fünfzig Wagen mit einem Werke eines Inhaltes beladen.

Zudem habe ich eine österreichische Familie kennen
gelernt, in deren Kreis ich mich fast heimisch fühle; da
sitze ich denn viele Stunden des Tages und plaudere, und
lese, und lasse mir von der Einen vorsingen, von der
Andern vorspielen, bin bald grob, bald fein, mache halb
die Cour, und schimpfe gleich darauf wie ein Rohr-
sperling — erscheine den Leutchen in einem Augenblicke
als ganz besonders liebenswürdig, und dann bitten sie
mich wieder, die Stirne nicht zusammenzuziehen, das
stünde mir nicht gut — ach, liebe Freundin, die Stirne
bliebe schon glatt, aber das Herz zieht sich manchmal
zusammen.

Ich habe zwei Bälle, nein drei schon mitgemacht —
eine schöne junge Dame hat mich in Begleitung ihrer
Mutter zu ihrem Cavalier gemacht — nun bin ich
natürlich in Aller Augen geheilt — ganz wieder Etourdi
— 2c. Die Narren! Ich mache Abends die Cour und
weine bei Nacht! Sie werden das glauben, denn Sie
kennen mich doch ein wenig!

Den Hofrath Dorow kann ich nicht auftreiben und,
meine liebe, theure Freundin, an Bettina will ich keinen
Auftrag besorgen! Es nicht selbst thun, würde unartig
sein. — Es würde mich mit einer Frau in Conflict
bringen, die ich nur von ferne verehren will. Ich weiß

nicht, warum ich diese Frau nicht lieben kann. — Ich
will Ihnen ein ander Mal ein recht offenes Geständniß
ablegen!

Nun, was haben Sie denn von Göthe? Es ist
Ihnen gelungen, Sie haben mich neugierig gemacht!

Ich habe in diesen Tagen wieder Faust, Gretchen
und Mephisto vorgetragen — in diesen drei Charakteren
liegt dieses All — wäre noch eine moderne Dame und
ein Dandy dabei, man könnte sagen: da ist Alles, was
war, ist — und sein wird, ich möchte nur so ein
Vorspiel geschrieben haben, für den Preis, schon zwanzig
Jahre begraben zu sein — und doch ist ein lebender
Stallbube mehr werth als ein todter Kaiser.

Ueber Ladenberg ꝛc. erhalten Sie nächstens Auskunft, sobald mein Factotum, Herr von Struve, ausge-
packt hat — ohne den weiß ich nichts, bin ich nichts,
kann ich nichts. Und der gute Mensch ist Mitglied ver-
schiedener Vereine, für Mittagstafeln, Concerte
und Bälle, und arbeitet im Schweiß seines ehrlichen
Angesichts für Carneval und Freunde. Ich habe
viele kleine Gedichte geschrieben — eins und das andere
kommt mir nicht ganz schlecht vor — gut ist keines.
Nächstens schicke ich Ihnen etwas.

Von Crelinger und Wolf sollen Sie Autographe erhalten. Nun, liebe Freundin, leben Sie wohl — und glücklich und vor Allem gesund. Gedenken Sie zuweilen so freundlich meiner, wie immer an Sie denkt

Ihr

Rott.

Herzliche Grüße an v. F. und A. und v. O.!

Baldige Zuschrift — comprenez-vous!

P. S. Herr Gott! Ich hätte bald das Datum vergessen!

Berlin, 4. Febr., früh ½6 Uhr, bei Licht in einem noch kalten Zimmer. Adieu, liebe, liebe Maria!

26.

Die Jahreszahl ist doch wieder vergessen, und denn, verehrter Herr Rott, rechnen Sie nach einem ganz eignen Kalender; es ist nicht der russische, aber belehren Sie mich, wie er heißt; Ihr Datum trifft nie mit dem Berliner Postzeichen zu. Uebrigens hat mir noch kein Brief von Ihnen so viele Freude gemacht, wie der letzte; nicht wegen Ihres Unwohlseins, nicht wegen Ihrer Trägheit, nicht wegen Ihres Mißverständnisses, Bettina

betreffend (ich wollte nur wissen, ob sie in Berlin ist),
nicht wegen Ihres Nichtauffindens des Hofrathes Dorow; aber wegen Ihrer neuen Bekanntschaft mit der
österreichischen Familie, wegen der Ballbegleitung und
endlich wegen Ihrer rege gemachten Neugierde; wenn
ich sicher wüßte, daß Sie so recht tüchtig neugierig
wären, würde ich Sie noch lange damit quälen, allein
da ich es nur für eine gefällige Neugierde halte, so
hören Sie: Bettina spricht im ersten und im zweiten
Theile ihrer Briefe von einem Birnbaum, der vor dem
R.-Thore in dem Garten bei Göthe's Geburt gepflanzt
wurde. Dieser Garten ist nun mein Eigenthum, der
Baum vor mehreren Jahren abgestorben, ausgetrocknet,
und ich lasse zuweilen Kleinigkeiten drechseln zum Ge-
schenke für seine Verehrer, worunter ich nicht gehöre!
Doch gäbe ich viel darum, besäße ich seinen Verstand,
Phantasie und Weltklugheit; nur der kalte, herzlose Egoist,
wie er war, der möchte ich um keinen Preis der Welt
sein, ziehe meine Unwissenheit bei Weitem vor; sagen
Sie es aber Niemanden, ich bin sonst meines Lebens
nicht sicher.

Ihr Bild wird allgemein bewundert, ganz ähnlich
gefunden, und wir danken Ihnen nochmals recht sehr
dafür.

Wird nun wohl Herr von Struve ausgeruht haben, oder fangen die Feste durch die Wiederkunft des Königs von Neuem an?

Der Brief, den Sie hierin finden, ist von Freund A., besorgen Sie ihn gefälligst.

Vor einigen Tagen war ich dieses Jahr zum ersten Male auf einem Balle, den ich nicht vermeiden konnte, und habe mich auf's Neue überzeugt, daß diese Freuden mir nicht mehr passen; freilich bin ich diesen Winter besonders leidend, Husten und Fuß machen mir viel zu schaffen. Unsere Feste sind ungeheuer steif, es wird alles mit der Goldwaage gewogen und die Geld-Aristokratie ist ein zerstörender Wurm unserer Gesellschaften; wohl dem, der nicht darin sein Glück findet.

Halten Sie recht bald Wort mit der Sendung Ihrer Gedichte, die wohl nur Ihre Bescheidenheit so unwerth finden läßt.

Leben Sie wohl, Gegengrüße sende ich Ihnen, lassen Sie bald von sich hören und genehmigen Sie die Ver- sicherung meiner Hochachtung.

Maria v. T. geb. v. O.

D., den 18. Febr. 1842.

27.

Nicht böse sein, meine liebe, liebe Freundin!
Ich bin ungeheuer faul, und wenn ich des Tages
tausendmal an Sie denke und mir Vorwürfe mache,
nicht geschrieben zu haben, so fange ich doch den andern
Tag wieder von vorne an. — Ich habe mich an ein
junges hübsches Weib geschlossen! Ha, die Prophetin!
Nicht wahr? Nein, nicht wahr! — Unglückliche Verhältnisse, eine im Ganzen unglückliche Liaison, das ist
Alles! Eine Heirath ist nicht möglich! sie ist verheirathet — geschieden zwar — aber Alle zusammen
sind katholisch. — Wäre das nicht gewesen, hätte ich
von vornherein nichts angefangen. — Meinen Erinnerungen zu entfliehen, bin ich tagelang bei ihr, sie
will's. — Glücklich, liebe Freundin, bin ich nicht
— kann es weder sein noch werden. Das sehen Sie
wohl ein! Aber die Zeit vergeht und ich wohl mit ihr
— bon! —

Ich schicke Ihnen indessen die Crelinger; die Wolf
sollen Sie später haben; ich hätte Ihnen gerne mehr
besorgt, aber die abscheuliche Faulheit! Heute spiele ich
eine neue Rolle, einen Kleinkrämer in „Die Liebe führt
die Braut heim"; da bin ich zu Hause und schreibe

Ihnen, weil mich meine Liebe zu Ihnen, meine Hochachtung und mein Gewissen peinigt, sonst geschähe es
auch nicht.

Vor ein paar Tagen habe ich den Götz recht
sauber gespielt, volles Haus, sehr gefallen, — von,
was meine Selbstkunde betrifft, so glaube ich ihn etwas
zu edel gehalten zu haben — da mehr Biberbes
als Edles vielleicht in der Haltung, wie in der Sprache
sich kund thun müßte. — Aber sein Athem ist Freiheit
und die Freiheit trägt den Adels-Stempel auf der
Stirne.

Adieu, liebste Freundin, seien Sie weniger faul
als ich.

Mit ganzer Seele

Ihr

Rott.

Ich gehe wahrscheinlich nach München.

3. März 1842.

28.

Liebe, gute Mutter, sprach einst ein Sohn, Du lebst
schon lange, hast so viel erfahren, weißt so manche Fabel,
manche Mythe, und gewiß auch vieles Wahre, darum,

lieb Mütterchen, erzähl mir was, ich hör' Dich gar zu
gerne reden. Die Mutter, sich dieses Lobes freuend,
spricht: „Mein Kind, schon oft war ich in Versuchung,
Dir eine Fabel mitzutheilen, die vieles Wahre auch
enthält, wovon ich manches selbst erlebt; doch war es
noch nicht an der Zeit, nun aber will ich sprechen,
hoffend, daß Du den besten Nutzen davon ziehst: Da
noch die Thiere den Gebrauch der Sprache hatten, lebt'
ein fromm Geschlecht von edelm Wild in einem uner=
meßlich großen Wald; ihr größter Feind, das war der
Mensch, und oft ward Rath gehalten, wie man sich vor
den ewig wiederkehrenden Verfolgungen schützen könne; ein
schöner schlanker Hirsch kam endlich auf den verzweif....

Hier hielt die Mutter inne und nichts in der Welt
konnte sie zum Weiterreden bewegen.

Gerade so, verehrter Herr Rott, geht es mit Ihren
Schreiben; Sie werden immer einsilbiger, und ich glaube,
Sie würden gerne gänzlich schweigen, wenn nicht ein
wenig Schamgefühl Sie davon abhielt.

Vielen Dank für die übersendeten Autographen; ich
bin wirklich unbeschreiblich glücklich, von allen Seiten
strömen sie mir zu, ja ich bin ein so verwöhntes Kind,
daß, wenn ein einziger Tag vergeht, wo ich nichts
bekomme, mir überall etwas fehlt.

Sie werfen nur so eben hin, „ich geh' nach München"; ist das für immer oder nur zu Gastspiel? Die
Stadt ist so recht katholisch.

Ihres Glückes freue ich mich von ganzem Herzen
und wünsche, daß es dauern möge, doch nicht Ihres
häßlichen Fehlers der Trägheit; ihn abzulegen fühlen
Sie wohl kein Bedürfniß!

Leben Sie wohl, ich grüße Sie mit der ausgezeich-
netsten Hochachtung ergebenst.

Maria v. T. geb. v. O.

D., den 12. März 1842.

29.

Meine liebe, theure Freundin! Ihr Brief ist mir
diesmal etwas unverständlich; aber so viel sehe ich doch
daraus, daß ich beinahe wage, Ihren Unwillen zu er-
regen, wenn ich Ihnen die Titel ausspreche, die ich
Ihnen so gerne gebe. Sie klagen, daß ich so wenig
schreibe; ach, liebste v. T., ich kann nicht viel schreiben, ohne Sie, gute Seele, traurig und mitfühlend zu
machen — damit Sie mich aber nicht ganz verkennen,
so will ich Ihnen sagen, was mich drückt. — Ein

vieljähriges gefahrvolles Uebel war nach einer tödtlichen
Krankheit wieder gut geworden, jetzt leide ich durch dessen
Verschlimmerung so sehr daran, daß oft ganz finstere
Gedanken meine Seele beherrschen. — Dabei spiele ich,
— gehe aus — und bin äußerlich ein von innen wurm=
stichiger Apfel, dem man nichts ansieht. — Es ist
mir vielleicht ganz zu helfen, aber nicht ohne Opera=
tion — ach, ich bin schwach, nennen Sie's feig, Todes=
angst verzehret mich bei dem Gedanken daran. — Ob
die Operation noch gemacht werden kann, ist aber ja
noch mehr die Frage, als ob ich sie überlebe. — Freunde,
Aerzte, Bedienung — nichts wird mir fehlen — darüber
beruhigen Sie sich. — Auch kann noch viel Zeit hin=
gehen, bis es so weit ist. — Aber wissen Sie, was das
heißt, unter dem Schwerte des Damokles leben? Mir ist
das Wort „operiren" nicht neu — ich habe es schon
versucht. — Mein Zustand ist übrigens nicht gefährlich
und die Schmerzen nicht nennenswerth bis zu der Zeit —
wo . . . .

Adieu, liebe v. T., seien Sie nicht böse auf mich;
wenn ich reise und lebe, gehe ich als Gast nach Mann=
heim. Grüßen Sie Alle.

Ich küsse Ihre Hände.

20. März 1842.   Rott.

6*

30.

Jetzt, verehrter Herr Rott, ist mir leider alles klar! Ihre trübe Stimmung! Ihr Mißmuth! Wäre es doch nur Ihre Trägheit, wie ich immer dachte, und ob ich gleich Ihren Edelmuth darin erkenne, daß Sie schwiegen, so ist es mir doch leid, daß ich so lange ganz anders über Sie urtheilen mußte. Ermannen Sie sich, kein wahreres Sprichwort gibt es auf der Welt, als „Le diable n'est jamais si noir qu'on pense!" Es ist mein Wahlwort und schon hundertmal eingetroffen. Hoffen Sie auf den Allmächtigen, dessen Güte unbegrenzt ist, unsere Schmerzen sind stets unsern Kräften angemessen; es gibt kein geistiges Leiden und viele, viele körperliche, die ich nicht empfunden, Gott hat mir durch alles geholfen, und so wird er auch Sie nicht verlassen; aber muthig müssen Sie sein, das hilft über jede Qual.

Wenn es Ihnen Trost sein kann zu wissen, daß ich vom tiefsten Mitgefühl ergriffen bin, so bitte ich Sie, mir in der Zeit und auch jetzt, wenn es Ihnen nur den entferntesten Schmerz macht, nicht zu schreiben; es wird ja in Ihrer Umgebung irgend jemand sein, der mir durch ein paar Worte sagt, wie es Ihnen geht, und

bitte, laffen Sie mich wiffen, ob Sie einen kleinen Werth
darauf legen, von mir geschrieben zu bekommen; es gibt
Stimmungen im Leben, wo vieles einen unangenehmen
Eindruck macht; sollten Sie es aber gerne sehen, werde
ich mit Freuden fortfahren zu schreiben. Für heute leben
Sie recht wohl; ich leide schon einige Tage an heftigem
Kopfschmerz. Der Himmel schenke Ihnen den nöthigen
Muth, dies ist mein größter Wunsch.

Freundlichst grüßend

Maria v. T. geb. v. O.

D., den 24. März 1842.

31.

Heute, verehrter Herr Rott, sind es gerade vier
Wochen, daß Sie meinen letzten Brief, vom 24. März
datirt, erhielten, und ich bin in dieser langen Zeit ohne
alle Nachricht von Ihnen. Sind Ihre Leiden so groß,
daß Sie auch nicht durch fremde Hand uns ein Lebenszeichen geben können? Sind Sie schon nach München?
und doch steht in allen Zeitungen die Aufführung der
„Antigone" zweimal hintereinander in Berlin, wobei Sie
eine Hauptrolle haben. Ich kann mir dieses nicht zu-

fammenreimen; ich weiß nur, daß es meinem Manne und mir recht schmerzlich ist, gar nichts von Ihnen zu hören, da wir doch so viel Antheil an Ihren Leiden nehmen!

In zehn bis zwölf Tagen denke ich über Amsterdam nach Hamburg zu gehen, von da nach Helgoland, später nach Kopenhagen, Bremen, Lübeck, Berlin, Magdeburg, Leipzig, Dresden, Halle und endlich in's Vaterland, wo ich bis zum 18. Juni wieder sein muß. Die Reise thut mir recht noth, ich bin körperlich und geistig sehr ergriffen. Sehe ich Sie einst, nur mündlich!

Leben Sie wohl, und wenn es möglich ist, nur ein kleines Lebenszeichen Ihrer, Sie mit ausgezeichneter Hochachtung grüßenden

Maria v. T. geb. v. O.

D., den 25. April 1842.

32.

Meine theure, liebe Freundin! Mit Recht schäme ich mich über mein langes Stillschweigen, ich will mich strafen und Ihnen reine Wahrheit sagen. Ach, Ihre Theilnahme beglückt mich so sehr, daß, wäre ich in D.,

mein Schicksal schon entschieden und ich wahrscheinlich
schon glücklich wäre. — Ich schrieb Ihnen nicht, weil
ich von einem Tage zum andern meine Operation auf-
schob und noch aufschiebe. — Vergebens versichert mich
Dieffenbach, daß sie ohne Gefahr für mich sei — daß
sie in wenig Secunden beendigt wäre — daß sie,
was wahr ist, nur in einem Schnitte, der nichts ab-
trennt, besteht — ich habe den Muth nicht,
mich hinzulegen, und lebe so, ein Damokles, der unter
dem Henkersbeile schwebt, in Todesangst — dieser
Zustand ist fürchterlich. — Ich habe mich vor Jahren
ruhig und entschlossen operiren lassen, ein ungeschickter
Arzt ließ mich wieder so aufstehen, wie ich mich hin-
legte; jetzo könnte ich vielleicht mit geringeren Schmerzen geheilt sein, glücklich sein — und ich habe den Muth
nicht! — Sich hinzulegen ohne Freunde, die uns bluts-
verwandt sind, ohne Gattin, deren Sorge mich so lange
pflegte und verzärtelte, keinen so treuen Gefährten, als
die vergrößernde Hypochondrie, das mag wohl etwas
entschuldigen — nicht wahr? Zudem ist das Uebel zu
tragen mit Gewohnheit — es ist unbequem, aber ich
leide nicht — nur die Zukunft steht drohend, meine
Kunst fordert es mit — und dennoch keine Entschlossen-
heit, die Krankheit meines Geistes abzuwerfen! Ist

das nicht abscheulich? Abscheulicher noch, weil ich sonst
nicht so feig bin? Ach, wären Sie hier!

Zweimal ließ ich eine Palliativcur vornehmen, ich
war sehr aufgeregt, aber ich wiederholte unaufhörlich
Ihre Worte: „Le diable n'est jamais si noir
qu'on pense" und sie flößten mir Muth ein, es ging
gut! — Gottlob!

Ich schreibe Ihnen heute wieder nach einer schlaf=
los durchkämpften Nacht; könnte ich nur zu einem Ent=
schlusse kommen, selbst wenn ich nein sagte! Ich kann
nicht! ich kann nicht!

Nach München gehe ich erst im August, bis dahin
bleibe ich hier, und es soll ein Lichtblick für mich sein,
Sie, theure Freundin, wieder zu sehen. — Als ich D.
verließ, haben Sie mich gewiß geachtet, ich habe Ihnen
aber nach und nach so viele Schattenseiten meines Charakters
gezeigt, daß ich mich im Grunde schäme, Sie wieder zu
sehen.

Seydelmann ist seit langer Zeit auch sehr krank. —
Sie wissen, ich heuchle nicht — ich nehme herzlichen
Antheil an ihm. Gott stelle uns beide wieder her! —
Nach so langer Zeit schicke ich Ihnen so melancholische
Zeilen — aber ich kenne Sie, Ihre Geduld gleicht
Ihrem Geiste, Ihrer Nachsicht, Ihrer Milde!

Grüßen Sie tausendmal Ihren Gatten, Frau v. F. und A., Alle, die sich meiner noch erinnern.

Ihr

Rott.

Kronenstraße No. 46.

Erste Etage.

Berlin, den 29. April 1842.

33.

Da meine Abreise nun wirklich stattfindet, verehrter Herr Rott, so kann ich Ihnen nur flüchtig für Ihr Lebenszeichen danken. Wie können Sie aber, als durchaus vernünftiger Mann, so zittern, in solcher Aufregung leben! Ich begreife Sie nicht! Ihre Vorfurcht ist zehnmal ärger, wie die ganze Sache, nach Ihrer eignen Beschreibung. Dieffenbach ist ein durchaus geschickter Operateur; wären Sie ein Weib: längst wäre alles vorüber.

Zu schämen haben Sie sich nun wohl, hoffe ich, gerade nicht bei unserm Wiedersehen; aber ich denke, bis dahin ist alles vorbei. Sonst quäle und bitte ich Sie so lange, bis Sie nachgeben; vor Ende Juni sind wir indessen nicht in Berlin; so lange haben Sie Freiheit, wie ein Mann zu handeln. Schreiben Sie mir nicht mehr hieher, es würde mich kein Brief finden, also auch darum können Sie freier athmen. Lassen Sie mich nicht vergebens hoffen, Sie gesund wieder zu sehen; ich werde die ganze Reise in Sorgen sein.

Hochachtungsvoll und freundlich grüßend

Maria v. T. geb. v. O.

D., den 6. Mai 1842.

34.

Hochgeehrte Frau!

Hoffentlich haben Sie Ihr liebes D. glücklich und gesund erreicht und sind wieder in Ihrer gewohnten Umgebung, Sie werden sich glücklich fühlen, alles Fremde und Lästige abgestreift zu haben, und Ihre heimischen Laren werden Sie um so freundlicher begrüßen.

Haben Sie das Regenwetter in Leipzig oder auf der Reise genossen? Leipzig ist bei trübem Wetter ein sehr unfreundlicher Ort, dagegen sehen Berlins lange Straßen so fest und trotzig aus, als wollten sie sagen: „Wir sind uns selbst genug, wir brauchen weder vom Himmel etwas, noch von der Erde, wir sind ruhig, wie Frauen aus Baisers und Gefrorenem, und drücken nicht einmal

einem Freunde die Hand." — Man gewinnt aber in
der Regel Leipzig lieber als Berlin, ich möchte mich dort
schon heimisch machen, denn, aufrichtig gesagt, ich habe
Berlin satt.

Wenn Sie mich mit irgend einem Auftrag, Ihre
autographische Sammlung betreffend, beehren wollen, so
werde ich mit Vergnügen einen Theil meiner Faulheit
abstreifen, Ihnen zu dienen. — Ich selbst aber ver=
stehe durchaus nicht zu sammeln, weder dieses noch an=
deres.

Nach Ihrer Abreise lag ich vier Tage zu Bette
und habe bis heute nicht wieder gespielt. Jetzt aber bin
ich vollkommen wohl. Wenn mich etwas sehr
ärgert, erliege ich im Anfange, dann werfe ich Alles
hinter mich.

Dieffenbach läßt Sie grüßen, er spricht sich sehr
freundlich aus.

Ihre Gesellschafterin mit der halb klugen, halb alber=
nen Miene, mit dem halben Air einer jungen suchenden
Dame und dem Hacken eines Stubenmädchens à la
Gouvernante muß Sie sehr ennuyirt haben; Sie haben
sie hoffentlich auch abgestreift.

Grüßen Sie mir die freundlichste Erinnerung, die
ich nebst Ihnen von D. mitnahm, Ihren Gatten. Frau

v. F. meine besten Grüße — und, damit ich gar nichts
vergesse, was mich in D. interessiren kann — lachen
Sie Ihren Gatten freundlich an.

Mit der Versicherung aufrichtigster Hochachtung

Ihr

ganz ergebener

M. Rott.

Berlin, den 11. Juni 1842.

35.

Hochverehrte Freundin!

Seit Ihren letzten wenigen Zeilen*) bin ich ohne
Nachricht. Von Tag zu Tag wartete ich, ob nicht die
Kunde von Ihrer völligen Herstellung mir zukomme;
jetzt will und kann ich eine Anfrage deshalb nicht länger
aufschieben und erwarte umgehend darüber Aufschluß, wie
es Ihnen geht.

Warum reiste denn A. mit Ihnen nach D.? Er
wollte ja in Halle bleiben? Waren Sie so sehr krank?
Hier geht es etwas ungewohnt; unser neuer Intendant,
Herr v. Küstner, hält strenges Regiment; doch ist er

---

*) Sind verloren.

ein sehr rechtlicher Mann und das Repertoir ist trefflich — Küstner hat früher in Leipzig ein Theater selbst
für seine Rechnung geführt — nous verrons!

Ich bin noch müde! Die „Antigone" war gestern
zum zweiten Male und ich habe drei Tage nach einan-
der gespielt. — Grüße an Ihren Gatten, Frau v. F.
und A.

Lassen Sie bald etwas hören Ihren

ergebensten Freund

Rott.

Berlin, 3. Juli 1842.

36.

Endlich, verehrter Herr Rott, bin ich wieder im
Stande, die Feder zu regieren, ohne einen Gehirnschlag
fürchten zu müssen. Sie glauben mir vielleicht nicht;
ich bin aber am 13. Juni elend zurückgekommen, mein
ganzes Nervensystem .... Doch nichts mehr hiervon!
Es ist wieder vorüber, keine Klagelieder will ich Ihnen
senden, nur mich beklagen; denn der Druck der Hand,
der nicht erfolgt sein soll, galt wohl mir, so wie auch
der Vergleich mit den Straßen! Ich bin nun aber so;
ich denke, Sie achten mich und nehmen Theil an mir,.

aber daß Sie Werth auf einen Händedruck von mir legen, fällt mir nicht ein, es thut mir in der Seele leid, wenn es Sie wirklich geschmerzt hat, und wenn Sie (halb versprochener Maßen) zu uns kommen, werde ich Ihnen die Hand so fest drücken, wie ich es nur vermag.

Was macht Ihre Albertine? Wird sie bald Ihren Namen tragen? und überhaupt wie mag es Ihnen nun bei der unerträglichen Hitze zu Muthe sein? Jetzt, da ich Ihre Umgebung kenne, Ihre Wohnung und Einrichtung, möchte ich gerne immer wissen, was Sie thun und treiben, besonders aber wie die Stimmung ist. Wünschen Sie noch vor Ihrer Reise Cigarren? Ein kleines Wort und sie fliegen zu Ihnen.

Gedankt habe ich Ihnen gewiß nicht für Ihre uns gegebene Freundlichkeit in Berlin, lassen Sie mich durch Handlungen danken, Worte sind so gar nichts.

Mein Mann weilt nun in Wiesbaden, wo er, Gottlob, mit Erfolg die Kur nimmt.

A. ist noch immer nicht zurück (er hat uns in Leipzig verlassen), doch soll er nächstens kommen.

Mein Garten ist schöner wie je; er verdient gesehen zu werden, auch von Ihnen. Ich möchte beinahe stolz darauf sein; wäre nur die Sonnenfinsterniß glücklich vorüber, gewöhnlich geräth dann die Natur in Aufruhr.

Diese Zeilen erhalten Sie an dem wichtigen Tage, möchten sie Ihnen ein kleiner Lichtpunkt sein, wir haben stets alle genug mit Finsternissen zu kämpfen.

Tausend und abermals tausend Schönes an Herrn Dr. Dieffenbach; auch er machte mir Hoffnung, noch dieses Jahr hierher zu kommen; darf ich es mir schmeicheln? Mit meiner Hand geht es noch nicht viel besser, schreiben thut mir etwas wehe. Leben Sie wohl und gedenken Sie zuweilen freundlich Ihrer

Sie hochachtenden

Maria v. T. geb. v. O.

D., den 5. Juli 1842.

37.

Liebe, verehrte Freundin! Das ist einmal ein Brief, das sind herzliche Worte, die wehen so frische warme Frühlingsluft, daß ich Ihrer Krankheit danken möchte, die eine lange Verstimmung wie eine Eisdecke zerbrochen zu haben scheint, und darunter liegt so ein klarer Spiegel, so hell, daß man nicht satt werden kann hinein zu schauen und sich zu wiederholen: das ist ein edles Frauenherz, für jede reine edle Empfindung offen. — Es hat mir wirklich wehe gethan, Sie so ceremoniös zu finden.

— Es gibt Männer, die in einem leisen Händedruck, selbst bei dem edelsten Weibe, etwas anders sehen, das sind Gecken, keine Künstler, keine Männer, und so habe ich Sie wirklich für egoistisch kalt gehalten, und bitte Ihnen mein Unrecht g e r n e wieder ab. Schweigen Sie ja von meiner Aufnahme, ich s ch ä m e mich ihrer, sie war s ch l e ch t, schlechter als schlecht — und ich hätte nicht den Muth gehabt, Ihnen mehr zu schreiben, wenn es nicht zwei Dinge in mir zu m e i n e r Freude gegeben hätte, erstens mein Versprechen und zweitens der Gedanke, daß Sie mich wirklich so e i f i g k a m t s ch a - t a l i s ch empfingen, daß ich mehr Lust hatte, mit Ihnen zu zanken und g r o b zu sein, als Sie freudig zu amüsiren. — Dies Alles hat Ihr Schreiben gut gemacht. Sie sind wieder meine gute, seelenvolle, prächtige Maria wie in D. und haben mit diesen Zeilen ein langes Netz geflochten, das mich über kurz oder lang zu Ihnen nach D. zieht. —

Albertine wird wohl wie meinen Namen tragen — Sie sind fast mehr ungläubig als i ch. Das will viel sagen. — Das Leben fasse ich wo ich kann, das Glück glaube ich begraben zu haben; Sie halten mich für eine kräftige Natur, Sie haben n u r z u m T h e i l Recht — ich habe einen Funken Poesie in meiner Brust, die verflüchtigt sich nicht — die ist göttlicher Art, aber läßt den Schmerz nicht los, sie vernarbt sich mit ihm. —

Der Juni war nicht mehr so warm, wie der Mai, der Juli sendet uns viel Regen, er wascht den prächtigen Stein, der sich über dem Grabe meiner Nette*) seit vierzehn Tagen erhebt — die Seitenwände bestehen aus in Stein gehauenen Epheukränzen, vorn die Inschrift — oben eine Urne im Schleier und die Rückseite bilden die Worte: „Unvergeßlich! unersetzlich! — sanft ruhe ihre Asche!!"

Ich lebe wie immer, spiele, lerne, bin wenig zu Hause — und glaube, mein Uebel wird mich zur Operation zwingen, wovor ich mich höllisch fürchte. Ach, schicken Sie mir ein paar gute holländische Cigarren — ach, liebe Freundin, Sie machen mich glücklich! So oft ich eine rauche, will ich bei jedem Zuge Ihrer Güte dankbar gedenken; es sind ja hier für Geld keine zu haben, ich zahle das Stück zu zwei und einem halben Groschen in Ihrem Gelde, doch schlecht!

Tausend Grüße an alle Freunde und Bekannte. Mit Herz und Seele

Ihr

Den 8. Juli 1842. Rott.

---

*) Rott's Gattin.

7

38.

Was werden Sie von mir denken? Ich machte einen gnädigen Spaß A.'s wegen mit Ihnen. Und doch ist es nicht so. Da ich Ihnen die wenigen Zeilen krank und vor Schmerz kaum sehend schrieb, hoffte ich den andern Tag fortfahren zu können; mir war aber noch schlimmer und ich bat Frl. S. (die Sie trefflich ge= schildert), einige freundliche Worte noch an Sie zu schreiben, und höre zu meinem Erstaunen, daß dieselbe A. gezeichnet hat, ohne mir es zu sagen. Lassen Sie mich bald mehr von Ihnen hören! Ich grüße freundlichst.

Ihre ergebene
Maria v. T. geb. v. O.

D., den 7. Juli 1842.

39.

Wäre ich heute nicht der Polizeidirector Haftan*), so würde ich gerne einen langen Brief auf Ihren gestrigen abgehen lassen. So aber kann ich nicht. Die Cigarren sende ich noch heute oder morgen, wünsche aber ehrlich von Ihnen zu hören, wie sie sind (früher schreibe ich

---

*) Aus dem Lustspiel „Der Lügner".

nicht), da ich in diesem Artikel nur eine Papageienrolle
spiele.

Schicken Sie mir für den Garten etwas Regen,
wenn die langen, steifen Straßen Berlins genug ge-
waschen, die Eisberge und Baisers geschmolzen sind.

In größter Eile grüße ich Sie, so freundlich ich es
nur vermag.

Maria v. T. geb. v. O.

D., den 13. Juli 1842.

40.

Aber um's Himmels willen, verehrter Herr Rott,
was ist wieder mit Ihnen, daß Sie gar nicht schreiben? Sind Sie krank? todt? träge? böse? vergessen?
unzufrieden? launig? überglücklich? angestrengt? einge-
sperrt? aufgeregt? stolz? geizig? oder ganz disapointirt
der Cigarren wegen, die nicht zu Ihnen gelangt, obgleich ich sie nun bald drei Wochen abgeschickt habe;
die auch vielleicht angekommen, aber herzlich schlecht gefunden worden sind? Geben Sie mir gefälligst Aufschluß, ehe Sie den dreizehnten dieses abreisen, und ob
Hoffnung da ist, Sie hier bei der Rückreise zu sehen,

7*

ausruhend auf Ihren Lorbeeren, die Sie in München reichlich sammeln werden.

Ich habe hier einen recht zerrissenen Sommer; so wie mein Mann kaum von Wiesbaden zurück, ist er nach .... England.

Mit all meinen Uebeln (Knie ausgenommen) geht es herzlich schlecht, und ich sehe für meine Brust einem tragischen Winter entgegen. Hier will man, ich soll einmal vierzehn Tage nicht reden; welche Aufgabe für eine Frau! und doch, so wie mein Mann zurück ist, werde ich es thun, gewaffnet mit einer Schreibtafel, und gehe ich einmal aus, so nehme ich einen Zettel in die Hand, worauf stehen muß „bei Todesstrafe ist mir das Reden untersagt", damit ich nicht anstoße, wenn ich angesprochen werde.

Wenn Sie diese Zeilen erhalten, sind Sie wohl mit Reisezubereitungen tüchtig beschäftigt, aber doch bitte ich um ein Lebenszeichen, sonst! ich werde gewiß böse! und bleibe es sehr lange. Leben Sie indessen wohl, heiter und zufrieden, ich grüße Sie herzlich.

Maria v. T. geb. v. O.

D., den 1. August 1842.

41.

Meine liebe, theure Freundin!

Gestern kehrte ich von Freienwalde zurück, wo ich drei Wochen badete. Ein fürchterliches Zahnweh, das allen Mitteln widerstand, veranlaßte diese Reise.

Ihr Brief ängstigt mich mit seinem Humor — Was, Sie sollen nicht sprechen? Wie leidend müssen Sie sein! Mein Gott, Sie doctern doch nicht etwa gar zu viel? Ich kenne Ihre Standhaftigkeit, ich kenne Ihren Charakter; aber spielen Sie nicht mit sich, mit Ihren Leiden. Dieser halbe Scherz in Ihrem Briefe beunruhigt mich wahrhaft, und darum sind dies die ersten Zeilen, die ich seit drei Wochen schreibe, überhäuft mit Anstalten zur Reise, die ich Sonnabend den dreizehnten dieses antrete. Ich glaube nicht, daß ich nach D. in diesem Jahre komme; doch wäre es möglich, wenn ich der Aufforderung in Stuttgart folge. Tausend, tausend Dank für die Cigarren, sie sind hier nicht so fein zu bekommen, aber mir zu schwer. Ich bleibe in Ihrer Schuld, liebe Freundin, und werde mich gelegentlich revanchiren.

Nun leben Sie recht wohl, gesund und glücklich! Von München aus denke ich wieder zu schreiben — ich bin seit Orleans Tode fast fromm geworden. Es liegt in diesen furchtbaren Fällen ein so wundersames, ich möchte sagen vorherbestimmtes Schicksal, daß man zittert, die Hand des Herrn gewahrend.

Gott erhalte Sie!

Ihr ergebenster

Berlin, 7. August 1842. M. Rott.

42.

Der Vernünftigste gibt nach! Sie kennen wohl dies alte, oft bewährte Sprichwort. Nun weiß ich aber kaum, ob es von mir nicht unvernünftig ist, an Sie zu schreiben, da es Ihnen leicht lästig sein könnte, mir zu antworten, und ich schreibe doch eben nur, um Antwort zu erhalten.

Hauptsächlich möchte ich wissen, wie es mit Ihrer Gesundheit steht und ob Sie sich vermählt?

Ueber mich will ich Ihnen nur so viel sagen, daß ich körperlich und geistig in den letzten Monaten ungeheuer gelitten habe. Dieses Jahr ist das schrecklichste meines Lebens, und glücklich wäre ich zu preisen, könnt' ich mit ihm zu Ende gehen.

Wenn ich einst mehr Fassung errungen habe, und Sie wünschen es, so schreibe ich schon mehr!

Leben Sie wohl, der Himmel segne Sie und mache
Sie in gleichem Maße glücklich, wie ich unglücklich bin.
Ihre Sie herzlich grüßende

Maria v. T. geb. v. O.
D., den 30. Dec. 1842.

43.

Meine liebe, hochverehrte Freundin!

Ihre Zeilen haben mich eben so erfreut, als herz=
lich betrübt; doch hoffe ich, nur Ihr zartes Gemüth
läßt Sie geistige Leiden stärker empfinden, als sie es
verdienen mögen — mehr bekümmert mich Ihr körperliches Wohl, doch sind die Züge Ihrer Hand so fest und
unverändert, daß ich hoffe, Gott hat auch da wieder geholfen. In jedem Falle lassen Sie mich Alles, Alles
wissen, wenn Sie mich dieses Vertrauens würdig halten. Ich habe für Freunde mehr Verstand, als für mich,
und ich will Ihnen rathen und, kann ich, mit Freuden
helfen.

Ich habe sehr oft Ihrer gedacht; aber wozu hätte
ich schreiben sollen; theils glaubte ich mich lange vergessen, theils habe ich mich ein Bischen geschämt.

Dem himmlischen Vater Dank, meine Gesundheit
ist besser, als seit Jahren. Früher wurde ich gepflegt,

gehätschelt, jetzt laufe ich im Winter wie ein Zigeuner
herum, Wind und Regen trotzend, und bin wohl!

Kunst und Leben bieten mir bald rauhen Sturm,
bald Windstille oder etwas Sonnenschein! Im Grunde
sind mir Leben und Kunst schon zuwider! Der froheste
Augenblick war meine Aufnahme in meiner Vaterstadt
Prag; man hatte mich früher (ich war diesmal zum
vierten Male da) freundlich aufgenommen, erst jetzt hatte
sich diese Freundlichkeit in einen wahren Enthusiasmus
gestaltet.

Das vorige Jahr war auch für mich das w i ch t i g ste
meines Lebens. Es ist hier nicht der Ort, Ihnen das
Ereigniß mitzutheilen; doch sage ich Ihnen, daß es nichts
I r d i s ch e s betrifft.

Vermählt bin ich n i ch t, glaube auch kaum, daß ich
es je mehr sein werde. Die Dame hat neben großen
Schwachheiten Tugenden. — Ist es von Tugend oder
Schwachheit ausgehend, daß diese Dame um k e i n e n
P r e i s mich aufgeben will — und ich bin — Sie
werden es glauben, zuweilen sehr unerträglich!

Leben Sie wohl, liebe Maria! Glück, Segen und
Freude sei mit Ihnen! Schreiben Sie bald, sehr bald!
Ihr Freund

Berlin, den 3. Jan. 1843.   Rott.

44.

Für Ihre freundlichen Worte, verehrtester Herr Rott, meinen besten Dank. Die Zeilen haben mich erfreut, denn ich sah daraus, daß Sie wohl sind und glücklich!

Wie konnten Sie nur denken, daß ich Sie vergessen hätte? Ihre Scham war am rechten Platze, denn Sie hatten versprochen, mir zu schreiben; ich kenne aber schon Ihre liebenswürdige Trägheit, immer aufzuschieben und zuletzt es — zu unterlassen.

Wenn Sie wüßten, wie wohlthätig in meiner traurigen Stimmung ein Zeichen der Theilnahme auf mich wirkt, Sie würden mich nie sehr lange auf Antwort harren lassen; denn durch den Verrath einer Freundin ist mein Lebensglück gestört; wenn ich also noch Menschen finde, die Theil an mir nehmen, so ist es eine kleine Linderung auf meine Wunde, und wenn es Sie freut, so schreibe ich Ihnen von Zeit zu Zeit, wie mir es geht und wie ich leide!

Vertrauen besitze ich hinlänglich zu Ihnen, um Ihnen Alles, Alles zu sagen. Aber erlassen Sie mir es noch bis später, und Hülfe kann mir niemand geben, die erwarte ich nur von Gott!

Je unglücklicher ich mich fühle, je mehr bin ich er-

freut, wenn Andere glücklich sind. Fahren Sie fort, so
heiter sich über Ihr geistiges und körperliches Leben aus=
zusprechen, es ist mir eine Wohlthat.

Ich ahne, was Sie Ueberirdisches erfreut hat. Sollte
ich Sie je wieder sehen, so theilen Sie mir es mit!

Hier machen die kleinen Kinder-Birtuofinnen Mila-
nollo großes Auffehen. Sie verlaffen bald unfre Stadt
und gehen dann zu Ihnen. Wenn Sie auch kein Con-
certgänger find, verfäumen Sie sie nicht, es soll an das
Außerordentliche grenzen. Sonst geht es, wie ich höre,
wie immer hier, schlecht mit der Kunst; aber ich habe
mich ihr wieder in die Arme geworfen. Wenn es meine
Stimmung erlaubt, so spiele ich Clavier, was ich seit
dem Tode meines jüngsten Bruders (1827) nicht mehr
gethan.

Ich declamire gerne Melodramen, dies erschüttert
meine Bruft, ich muß weinen und fühle augenblickliche
Erleichterung.

Haben Sie Geduld mit mir und meinem Schreiben; wenn ich das nicht mehr kann, so sollen Sie von
andrer Hand erfahren, wie es mir geht. Den herzlichsten Gruß von Ihrer Sie hochachtenden

Maria v. T. geb. v. O.

D., den 12. Jan. 1843.

45.

Ohne Zögern, liebe, theure und unvergeßliche Frau, will ich Ihnen antworten. Wie lieb, wie herzig finde ich Ihre Zeilen*); wie erquickt es mich, nicht vergessen zu sein, mir den kleinsten Theil Ihrer Erinnerung in Ihrem Herzen bewahrt zu sehen! Vieles in Ihrem Briefe ist mir nicht fremd, nicht neu — Ihre Reisen, der Tod des guten A. — Ich bin Ihnen stets mit meiner Ahnung gefolgt oder vorausgeeilt. — Ich freue mich herzlich des Wohles Ihres Gatten, der guten Frau v. F., und nicht minder der Entledigung des K. — Es war etwas Jesuitisches in diesem Manne. — Ich hatte in einer aufgeregten, heitern Weinlaune g e s ch e r z t, und der Mann drechselte und verdrehte, daß ich n ü ch t e r n zu erröthen gezwungen war. — Gut, daß er aus Ihrem Hause — das ist und war — ein fremdes, elegisches Element. — Sonderbar, mir ist als läge zwischen jetzt und damals gar keine Zeit, und ich überspringe den Raum und plaudere mit Ihnen wie sonst! — Wie es meiner Frau geht? Ich bin seit mehreren Jahren nicht mehr verheirathet. — Es war eine Nichtswürdige —

---

*) Dieser Brief hat sich nicht gefunden.

der Armuth, dem Unglück verfallen — ohne Namen, ohne Ehre, das war ihre Mitgift — und der
schmachvollste Undank der Lohn meiner Wohlthaten!

Ein Neffe, den ich erzog, von Jugend auf unter-
stützte — hat mich um einen großen Theil meines Vermögens betrogen — ein Meer von Leid und Qual liegt
zwischen heut und 1841 — aber die Kunst blieb mir
treu. — Ich habe der Wahrheit nachgestrebt und sie
hat mir gelohnt. — Ich habe die materiellen Verluste
ersetzt — aber ich bin kränklich und leidend geworden.
In diesem Winter war ich aufgegeben! Am 29. März
trat ich als Cromwell wieder auf — der gnadenreiche
Monarch, das Publicum aller Stände, Alles nahm
lebhaft warmen Antheil. — Der Kranz, der mir an
jenem Abend wurde, schmückt meines Shakespeare
Stirne, den ich ihm weihte.

Ich sehe noch ziemlich rüstig aus — und auf der
Bühne merken Sie nicht viel — aber ich bin schlanker
als je — mein Gesicht ist schmal und sehr bleich!
Nach einer Vorstellung bin ich tödtlich erschöpft und
müde, und wenn mein Gedächtniß sich Gott sei Dank
die frühere Kraft bewahrte, so fühle ich doch nach einer
heftigen Anstrengung eine Art von Hirnkrampf. — Ich
habe vor Kurzem mein Testament niedergelegt, denn ich

stehe allein und habe kein Band auf Erden, das
mich fesselt — das ist bei meiner Denkweise sehr traurig — aber nicht zu ändern. — Ermessen Sie, theure
Freundin, wie mich Ihre Zeilen erfreuten! —

Jetzt bleibt noch eins, wonach ich strebe! — In
zwei Jahren habe ich fünfundzwanzig Jahre in
Berlin gewirkt; meine Pension, tausend bis tausendzwei-
hundert Thaler, mein bischen Vermögen dazu, dessen
Ertrag auch nicht ganz unbedeutend — reichen wohl
vollkommen für den einzeln dastehenden Mann — da
will ich ruhen — Sie aufsuchen — und den Künstler-
vereinen, nicht den Illusionen des Lebens — Adieu
sagen!!

Ich bin hier viel gesucht — in Häuser geladen,
und habe manche Freunde, die meiner Isolirung grollen
— aber ich liebe den Comfort meines Hauses und trenne
mich sehr ungerne davon!

Seit fünf Jahren, theure Freundin, bin ich gezwungen, die Badesaison zu benützen — Ostende hat
mir sehr geschadet — aber Karlsbad mir das Leben
gerettet. — Am 25. oder 26. dieses Monats reise ich
dahin — bleibe drei bis vier Wochen dort, gehe dann
nach Teplitz, um eben so lange zu bleiben und zu baden,
und mich dann zwischen Berge zu setzen, um Stirne

und Bruft zu kühlen! Ich wünschte Sie zu sehen und
recht innig an mein Herz zu drücken! Dann würde ich
Ihnen ein zwölf Jahre langes häusliches Leben schildern, und Sie sollten glauben, Dante führe Sie durch
seine Hölle. — Doch nein, ich würde es nicht thun;
wozu vernarbte Wunden aufreißen? Aber ich würde
an Ihrem Herzen weinen, und der menschenfeind-
liche Krampf würde sich für immer lösen! Ich habe
Ihnen viel geschrieben, wohl mehr als Sie erwarteten
— und noch dazu von mir, und faft nur von mir.
Zürnen Sie mir deshalb nicht, schließen Sie mich ferner in Ihr Gebet; denn auch ich bete früh und Abends
und will Ihrer gedenken.

Ewig Ihr treuer

Berlin, 15. Juni 1855.　　　- Rott.

46.

Geehrter Herr Rott!

Für Ihre rasche Antwort tausend Dank, sie hat
mich Thränen gekoftet; ich dachte Sie ganz glücklich
Ihres langen Schweigens wegen. Sie waren zum Klagen
zu edel, glaubten auch vielleicht nicht, eine treue Freundin
an mir gefunden zu haben, und wähnten sich vergessen.

In den letzten sieben Jahren habe ich ebenfalls Er=
fahrungen gemacht, die entsetzlich sind. Geist, Herz und
Nerven waren nahe daran, mich zum Wahnsinne zu
bringen. Ein fremder Mann, den ich nie sah, wohl nie
sehen werde, der keine Ahnung davon hat, der war mein
Retter. In dieser gräßlichen Zeit wendete sich nämlich
Professor D. von Köln mit der Bitte an mich, ihm
wegen Göthe, über den er schreiben wolle, einigen Auf=
schluß zu geben, besonders über seine Lilli, mit der ich
weitläufig verwandt bin, deren Sohn mein Gatte wer=
den sollte. Wie der gute Mann dazu kam, weiß ich in
der That nicht. Ich ergriff mit Freude diese geistige
Beschäftigung, welche mich oft Tage lang auf der Stadt=
bibliothek fesselte. Er schrieb sein Buch und in der
Vorrede gedenkt er meiner mit zu großer Schmeichelei.
Dies brachte mich auf den Gedanken, auch etwas her=
auszugeben; ich that es. Im Jahre 1722 erschienen
hier Wochenblätter, welche noch fortbestehen. Ich habe
Auszüge daraus drucken lassen von 1722—1821, volle
hundert Jahre. Es war eine Riesen=Arbeit, das Rich=
tige, Passende aus diesen Folianten herauszufinden nebst
den durchaus nöthigen Notizen. In fünfzehn Monaten
war ich damit zu Ende; meine Gedanken hatten eine
andere Richtung in dieser Zeit genommen. Abends war

ich todtmüde und konnte wieder schlafen! Seitdem bin ich ganz ruhig, nein, wirklich glücklich, Alle, die mich nun umgeben, sind reines Metall, die Schlacken habe ich entfernt. Ich erhalte täglich Beweise von großer Achtung und Liebe. Ich lebe mit allem Comfort; mein Gefängniß habe ich mir so angenehm wie möglich eingerichtet, ein großer Garten, dessen Ertrag mir gehört, verschafft mir nebenbei viele Freude.

Am 20. dieses sende ich Ihnen mein kleines Werk. Würdigen Sie es eines Blickes, nehmen Sie es mit auf Ihre Badereise. Viel langweilig Zeug ist darin enthalten, was aber zum Ganzen gehört. Interessant ist der Fortschritt der Cultur, der Sprache und Orthographie darin. Komisches findet sich genug, die Notizen sind mitunter neu und belehrend. Ich lege Ihnen ein Lebensbild von A. bei; in den letzten Jahren seines Daseins gab er mir den nöthigen Stoff dazu.

Nun aber genug von mir, hinlänglich genug. Sie sind mager geworden, ich dagegen wie eine Tonne, und überhaupt so verändert, alt und häßlich, nein, Sie würden mich nie erkennen. Aber dennoch bitte ich und flehe Sie an, kommen Sie zu uns, freundlich und herzlich werden Sie aufgenommen, darauf können Sie stets zählen. Wie glücklich wäre ich, könnte ich etwas für Sie thun, Sie erheitern, Sie erstarken; trotzen Sie, wie ich, Ihrem Schicksal, es soll und darf niemanden gelingen, Sie unglücklich zu wissen; gönnen Sie niemanden diesen Triumph!

Schonen Sie vor Allem Ihre Gesundheit, Karlsbad hat auch mir einst das Leben gerettet. Wenn Sie in Teplitz Seume's Grab besuchen, brechen Sie mir einen Halm darauf ab. Er ist ein vortrefflicher Mensch, aber namenlos unglücklich gewesen; ich bete ihn als Schriftsteller an.

Außer Ihnen, bester Herr Rott, habe ich noch eine große Inclination in Berlin. Jacob Grimm hat mehrere Monate bei mir gewohnt, ich habe ihn sehr lieb gewonnen; denn wohl nie ist ein so eminenter Geist und so viel kindliches einfaches Gemüth, wie bei diesem Manne, vereinigt gewesen. Sein Scheiden kostete uns viele Thränen, selbst die Dienerschaft war fassungslos, und auch er weinte wie ein Kind. Er hat mir öfter geschrieben, sein Bild geschickt, welches mein Zimmer nebst dem Ihrigen schmückt.

Schreiben Sie mir, wenn es Sie freut; schweigen Sie, wenn Sie es vorziehen, aber denken Sie an mir stets eine treue, Sie hochachtende Freundin zu besitzen.

Maria v. T. geb. v. O.

D., den 17. Juni 1855.

8

47.

Gestern erhielt ich von unbekannter Hand, ich weiß nicht ob Herr oder Dame, Nachricht von Ihnen, und, wie immer, ist Ihre liebe und freundliche Theilnahme die Urſache!

Ich habe Ihnen nicht geſchrieben, weil ich meine Schwäche zu beſiegen und Sie aufzuſuchen hoffte! Jetzt weiß ich, daß eine Reiſe nach D. meine Kräfte über- bieten würde! Ich bin ſehr angegriffen und eben heute muß ich mich entſchließen, Karlsbad — ſtatt am fünf- ten Auguſt — am 29. Juli zu verlaſſen, weil mich das Trinken ſchwindelig macht, und doch trinke ich nur ſehr mäßig und vom mildeſten Brunnen — aber meine Nerven — meine Nerven — und doch, wenn ich lebe — werde ich in dieſem Winter den Wallenſtein, den Lear, den Richard ꝛc. ſpielen — und geſund ſein, von ſieben Abends bis zehn Uhr! — wie lange noch? Ich weiß es nicht!

Ihre chronologiſche Arbeit habe ich bewundert. Es gehört ein eiſerner Wille, eine ſeltene Seelenſtärke dazu, ſich ſo gewaltſam zu abſorbiren. — Sie haben Dank von Ihrer Vaterſtadt verdient und ſich ſelbſt bewieſen, daß ein ſeltenes Schick in Ihnen wohnt, ſich den Dank

eines größeren Kreises zu verdienen! Näher liegt mir
A.'s Nekrolog, den Sie klar und correct schrieben, und
wenn Sie, theure Freundin, Erlebnisse und Beziehungen
mit gleicher Innerlichkeit erfassen und mit gleicher An-
schauungskraft schildern, so fehlt es Ihnen weder an
Geist, Talent und Intelligenz, mit den edelsten und
besten der dichtenden Frauen zu wetteifern. — Aphorismen, Briefe — würden Sie vielleicht später der Se-
vignée — Lebensbilder der Staël — nahe bringen —
aber thun Sie es nicht! — Der Ehrgeiz ist der
Drache des Nibelungenhorts — er würde Sie erfassen
und sein giftiger Hauch die schwer errungenen Kränze
Ihres Herzens verwehen!

Ich reise von hier nach Teplitz und flüchte dann
zur Nomadengabe der Gebirge, oder, um weniger geziert
zu reden, setze mich in einen Wald in eine Bauernhütte
und bitte den lieben Gott, mich nur einmal wieder das
Gefühl der Gesundheit kosten zu lassen!

Denken Sie sich diesen traurigen Zustand — das
Leben ist ziemlich todt für mich — der Tod dünkt mich
schön — ich denke fort und fort an ihn — und —
fürchte mich ganz entsetzlich vor dem Sterben!
— und wahrlich, theure Freundin, ich war immer besser
als Millionen — und in keinem Falle schlechter! Es

8*

ift alfo nicht das „Jenfeits“, was mir bange macht,
und ich fage mir oft Göthe's Worte vor: „Der Feige
ftirbt taufendmal“. Es ift vielmehr Jean Paul's „Wir
fehen uns im Grabe liegen und bemitleiden uns“. Wie
thöricht!

Was ift das für ein Brief — warum haben Sie
Nachricht von mir verlangt — ertragen Sie nun die
Ergüffe eines Sie liebenden Herzens! —

Ich frankire den Brief nicht, damit er Ihnen ficherer
zu Handen kommt — Sie fchreiben mir wohl auch ein=
mal. In Teplitz bleibe ich drei bis vier Wochen —
wenn ich mich dort nur mehr ifoliren könnte, ich hoffe
es! — Man findet mich angenehm, und Gott weiß
was noch im Umgang, und drängt fich um mich, und
ich bin blos zu g u t, um alle Bitterkeiten meines Herzens
auf die Narrenköpfe auszugießen — und Sie find die
e i n z i g e Frau, der ich dies geftehe!

Adieu, liebe v. T. — Adieu, liebe Freundin!

Ihr

Karlsbad, 25. Juli 1855.   Rott.

Ich habe kein Couvert, Ihre Herzensgüte couvertirt
wohl den verletzten Anftand.

48.

Ihr lieber Brief von Karlsbad hat mich durch manche Stelle sehr erfreut und dabei wieder recht bekümmert. Es ist fürchterlich hart für mich, Sie so leidend an Körper und Geist zu wissen. Wäre der Körper gesund, so dächten Sie nicht mit so unbegrenzter Angst an den Tod. Es geht mir Ihnen gegenüber wie Nathan mit dem Tempelherrn wegen christlicher und jüdischer Religion. Sie fürchten die unabwendbare Sicherheit des Todes, und gerade diese Gewißheit macht mich ihn lieben. Wenn Ihre Leiden nachlassen, frisches Leben und Kraft Ihre Nerven wieder spannt, werden Sie dieser Furcht noch lachen.

Nervenleiden heilen sich völlig, Ruhe und Geduld gehören dazu. Könnte ich etwas zu Ihrer Erleichterung beitragen, ich würde mich glücklich preisen. Lebhaftigkeit entferne ich bei Kranken. Ich habe tausend Fehler, aber bei Leidenden eine unergründliche Geduld und Selbstverleugnung. Mein guter A. nannte mich oft „eine geborene sœur grise".

Ihr · beharrliches Schweigen auf meine Sendung vom 17. Juni ließ mich für Sie fürchten; dann hatte ich aber auch die entfernte Ahnung, Sie würden uns besuchen, und oft eilte ich zum Fenster, wenn die Hausklingel rascher gezogen wurde!

Ich bin mit der Familie eines Oberförsters befreundet, welche in der Nähe von Hanau völlig einsam im Walde wohnt. Könnten Sie dahin gehen, der herrliche Wald, eine entzückende Aussicht auf der einen Seite des Hauses; die reine Luft, die wohlthätige Stille, welche nur durch die Hirsche, Rehe und den Gesang der Vögel unterbrochen wird, und dabei die herzlich lieben, guten Menschen: Sie würden sich völlig erkräftigen! Und dennoch, trotz Ihrer großen Leiden, denken Sie der Kunst, Sie beglücken Hunderte dadurch. Was gäbe ich nicht alles dafür hin, Sie auf der Bühne zu sehen! Ihr Spiel ist so naturgetreu, wie kein jetzt lebender Schauspieler mehr befähigt ist. Die wahre Kunst geht mit dem Jahre, wo Sie zum letzten Male die Bühne betreten, zu Grabe. Vor einigen Tagen sprach ich einen Berliner über Sie. Wie groß sind Sie als Künstler, und wie sehr im Privatleben geliebt und geachtet! Ich war ganz stolz, sagen zu können, dieser Mann schreibt mir zuweilen, ich kenne ihn.

Nun komme ich zu der Stelle Ihres Briefes, die mir Freude machte. Ich sehe nämlich aus dem Lobe, welches Sie über mich ausströmen, daß Ihre gute

Laune und Satyre Sie noch nicht verlassen hat; ich habe recht innig darüber gelacht, da Sie von einer Sévignée und Staël sprechen. Was mich aber wahrhaft frappirte, war die Bitte einer hiesigen Dame, welche zu mir kam, nachdem ich Ihren Brief besaß, ihr für eine Orakel-Puppe mehrere Aphorismen zu schreiben. Nie habe ich mich darin versucht. Hier sende ich Ihnen die zwölf, welche ich gab, und Sie müssen daraus sehen, daß ich nicht einen Funken Talent dazu habe. Was Sie mir über den Ehrgeiz sagen, ist sehr wahr, eine Frau soll, so viel wie möglich, jede Oeffentlichkeit meiden.

Lassen Sie mich nicht zu lange ohne Nachricht. Sollten Sie krank werden, so gibt es wohl einen Freund, oder selbst Diener, der mir Nachricht gäbe. Denken Sie stets, daß Ihr Wohl viel, sehr viel zu meinem Glücke beiträgt. Tausend Schönes von Ihrer treuen, Sie hoch- achtenden Freundin

Maria v. T. geb. v. O.

D., den 6. August 1855.

Ich recommandire, da Sie in fremden Landen weilen.

Aphorismen.

1. Droben in den Sternen stehet es geschrieben: die Menschen sollen auf Erden sich lieben.

2. Geizig mit der Zeit, hat nie gereut.

3. Die Würze des Lebens ist der Ernst.

4. Gebet ist eine dringende Forderung, gebet eine dringende Mahnung.

5. Sei hart wie Erz gegen Ehrlose, und weich wie Wachs gegen Unglückliche.

6. Die Unschuld ist eine so selten gewordene Flüssigkeit, man kann kaum die Fingerspitzen damit benetzen.

7. Gleich den Möpfen unter den Hunden, so sterben die witzigen Originale unter den Menschen aus; dafür bleiben uns die langweiligen Narren.

8. Sei rein, wie der ewige Schnee der Jungfrau, und dennoch wirst du getadelt.

9. Ein Stuhl mit drei Beinen ist wie ein Mann ohne Ehre, man kann sich auf beide nicht verlassen.

10. Der Vater-, Mutter- und Geschwister-Kuß sind stets rein, die übrigen haben Nebenabsichten.

11. Stolz und Hochmuth sind die ersten Stufen zur Narrheit.

12. Tugendhaft sein und bleiben ist zweierlei.

49.

Wozu es Ihnen sagen, theure Frau und traute, süße Freundin, wie sehr mich Ihre Theilnahme erfreut. Ich wollte Sie sehen, und in meiner Stimmung wäre dies wohl eine **Heimsuchung** für Sie gewesen. Aber ich bin so schwach, daß ich das Poltern der Eisenbahnen mehr als den Donner des Himmels fürchte, und gewiß haben Sie die Fahrt in dem Lande der Scythen (von der Sie mir schreiben müssen) viel weniger gescheut, als ich die Reise von Teplitz nach Aussig, die eine enorme Strecke von drei Landmeilen in sich faßt. Ich muß doch wohl eine Künstlernatur sein — ich fühle tief und innig, bin ein treuer Freund und habe Ihre Freundschaft; und doch hat mir stets die ernste Kraft, der feste Wille, im **Leben** zu handeln gefehlt. — Ich habe mir fast keinen Vorwurf in irgend einer Art zu machen; doch nur mein **Gemüth** hat mich vor solchem Uebel gehütet — nicht die Richtung des charakterstarken Mannes! Da ist denn nun so ein altes Ding mit fühlendem Herzen und begeisterter Seele aus mir geworden, und Sie erscheinen mir, wie die antike Muse, die ein Dichter idealisirt! Ist das Künstlernatur?

Wie reizend haben Sie mir das Leben im Forst-

hause geschildert — aber Waldesnacht, Vogelsang, grün-
goldnes Laub und Hirsch und Rehe sind doch Staffage,
und Sie haben vergessen, sich selbst, als meine För-
sterin, als sœur grise, in den Vordergrund zu stellen,
und mich, den armen, kranken Molière (ihm nur, dem
Unsterblichen gleich, weil ich krank und unglücklich wie er), ach, nichts anderes, zu Ihren
Füßen, auf Ihre Trostesworte horchend — ich las zwischen den Zeilen und weiß, Sie wären gekommen! Ich
hielt es für Pflicht, Fräulein v. W. zu besuchen; ich
hielt nur wenige Minuten aus. — Ich habe ihr nicht
sonderlich gefallen, sie mir auch nicht. — Sie hat Er-
ziehung, Ton, viel Medisance und bittere Erfahrung
— sie will einfacher und vornehmer erscheinen, als sie
ist — Wohlhabenheit im Reichthum und gewöhnliche
Geistesbildung mit hohem Agio verwechselnd. Das Aeußere
ist interessant genug — ein schönes, etwas boshaftes
Auge, scharfe und gut geordnete Zähne, und der kleine
aristokratische Fuß können sie gefährlich machen. — Es
soll mir lieb sein, wenn ich dieser äußeren Vorzüge
wegen ihr Unrecht gethan! Doch wie gesagt, ich habe
sie nur einmal sehr kurze Zeit und nicht wieder gesehen — ich behagte ihr nicht und fühlte dies. Die
Eitelkeit bleibt auch dem alten Recken!

Bravo, liebe Freundin! Bravo! Aus zwölf — zwei — das ist viel!

5. Sei hart wie Erz ꝛc.

9. Ein Stuhl mit drei ꝛc.

Das sind zwei kerngute Gedanken, und Gedanken sind fast eben so selten, als der Phönix eines neuen und guten Gedankens. — Zwingen Sie sich nur Aphorismen, aber nie ein Bild, ein Gleichniß ab!

Ich bleibe noch vierzehn Tage hier und reise dann nach Berlin zurück. — Ich hätte auch gerne meinen alten Bruder umarmt, meinem Neffen, der das Doctorat in diesem Winter gemacht, persönlich gratulirt; aber ich habe in Prag viele liebe Freunde, die ich nicht wohl umgehen darf, und muß jede Aufregung meiden. Nun, Gott sei Dank! ich zittre doch nicht mehr beim Schreiben! Da haben Sie denn einen langen Brief, den ich Ihnen recommandire — Sie, theure Freundin, brauchen Ihre Briefe nicht zu recommandiren!

Leben Sie wohl, liebe Maria, und seien Sie überzeugt, daß ich mich Ihrer Freundschaft stets würdig zu erhalten trachten werde.

Mit ganzer Seele

Ihr Freund

Teplitz, den 8. August 1855.   Rott.

50.

Ihre Künstlernatur, Ihr Gemüth und Ihr Verstand, das ist es ja eben, bester Herr Rott, was mich für's Leben an Sie fesselt. Den Antiquitäten können Sie mich allerdings beizählen; aber ich bin nicht einmal eine Stieffchwester der Musen. Zum Idealiſiren ſind Sie nicht berechtigt, da Sie dieſes Prädicat ſchon in vollem Maße beſitzen.

Den kleinſten Zettel Ihrer Hand habe ich bewahrt. Sie ſelbſt können nicht ermeſſen, welchen Schatz ich in Ihren Briefen beſitze; durch deren Veröffentlichung würde mir ein eminenter Dank des Publicums werden. In der deutſchen, franzöſiſchen und engliſchen Literatur ziemlich bewandert, habe ich nie Briefe geleſen, die den Ihrigen beikommen (hier iſt die Rede von freundſchaftlichen Briefen), über gelehrte Gegenſtände kommt mir kein Urtheil zu. Gehen Sie Göthe's Briefe an Frau v. Stein durch, wie ſchnell wird ſich Gähnen einſtellen! Es iſt ein hoher Feſttag für mich, wenn ich einen Brief von Ihnen erhalte. Erſt nach einer Stunde des Beſitzes eröffne ich denſelben, da auch die Erwartung einen großen Genuß bietet. Nachher wird er unzählige Mal geleſen, bis der alte Kopf ihn aufgenommen. Sie müſſen in Ihrer Bescheidenheit nicht denken, daß ich Ihre Schreiben so hoch achte, da sie an mich gerichtet, viele Schmeicheleien enthalten, nein, durchaus nicht! Der Geist und das Gemüth, in jedes Wort eingewebt, das ist die hohe Kunst; Mutter Natur hat sie Ihnen zwar verliehen, Sie aber haben diese idealisirt, verstehen trefflich sie zu nützen und festzuhalten.

Mit den Eisenbahnen theile ich vollkommen Ihre Furcht. Diese Raserei der Schnelligkeit, durch Püffe und Stöße gewürzt, ist eine vollkommen unverdauliche Speise, eine Erfindung des Teufels, nur heilsam für Hypochondristen.

Nicht enden würde mein Schreiben, wollte ich Ihnen alles in der Türkei Gesehene und Erlebte schildern. In Asien war ich auf dieser Reise mehrere Mal, allein nie in Klein-Asien, dem angeblichen Vaterlande der Scythen.

Von Wien aus fuhr ich auf der Donau herunter und sah Silistria in einem besonders günstigen Augenblick. Wir bekamen in Belgrad einen türkischen Admiral an Bord, dessen Schiffe vor Silistria ankerten. Seine Wiederkunft war dort bekannt geworden. Alle Fahrzeuge im Hafen hatten geflaggt und bei der Annäherung unseres Dampfers salutirten sämmtliche Schiffe und die Festung mit Kanonen, welches von unserem Dampfer en mi-

niature erwiedert ward. Die Sonne war dem Unter-
gange nahe, der Himmel wolfig, und, wie dies zuweilen
geschieht, war Festung und Stadt von den letzten Strahlen der Sonne vergoldet, die übrige Gegend lag im
mystischen Dunkel. Eben so glänzend wie damals hat
sich nun die Festung erhalten! Wenn Sie wieder in der
Heimath weilen, werde ich Ihnen einige Gegenstände, die
ich mitbrachte, senden. Hier, theurer Freund, haben Sie
eine ganz kleine Reise=Episode, gelüstet Ihnen nach mehr?

Was Sie wegen Fräulein v. W. sagen, ist größten-
theils wahr, sie mißfällt im ersten Augenblick unendlich,
indem sie sich nie natürlich gibt; kennt man sie aber
erst, so ist es Genuß, mit ihr umzugehen; sie hat ein
aufopferndes gutes Herz, und weiß recht viel.

Sie rathen mir, nie Gleichnisse oder Bilder nieder-
zuschreiben; ich dächte aber, ich hätte nur in Gleichnissen und Bildern gesprochen. Ich bitte sehr, belehren Sie
mich darüber. Der Himmel verleihe Ihnen Gesundheit
und Kraft; gedenken Sie Ihrer treuesten Freundin,
welche zum Stelldichein in den Wald gekommen wäre.

Maria v. T. geb. v. D.

D., 14. August 1855.

Aph.: Die Jugend ist ein Traum, das Alter die
Wirklichkeit.

51.

Wie gut sind Sie! Sie schmeicheln mir, um mich zu beschäftigen, mich zu zerstreuen. Denn Sie wissen recht gut, daß ich Ihnen auf Ihren letzten Brief die Antwort nicht lange schuldig bleiben darf.

Nicht vor den Gleichnissen habe ich Sie gewarnt; Aphorismen können und müssen allerdings nur parabolisch sein, ich warne Sie nur Gleichnisse zu suchen. Nur wenn ein Bild sich Ihrer Anschauung aufdrängt, sollen Sie es wiedergeben.

Ich habe bei sehr ernstem Anlaß, theure Freundin, Ihrer gedacht! Grunert, ein braver Künstler der Prager Bühne, starb hier im Hause der Fürstin Colloredo, die sich mit edlem Sinne seiner annahm; sie ließ mich einladen, dem Leichenzuge zu folgen. — (Es hätte dessen nicht bedurft.) — Sie kennen mich und wissen, wie ich von solchem Anlaß erschüttert werde.

Die Thränen der Leidtragenden, ächt oder unächt, feuchten meine Augen und wecken schmerzliche Erinnerungen an frühere unersetzliche Verluste. Der Zug ging an Seume's Grab vorüber. — Ein aus der Erde halb erhabener Sarg in antiker Form deckt seinen Staub — zu Haupt und Fuß zwei karg belaubte Bäume. Da

dachte ich Ihres Wunsches, einen Zweig für Sie zu
brechen! — Ich kann und will dies nicht — denn sagen
Sie, liebe Freundin, es ist mir wie Profanation und
Sacrilège. — Das arme Dichterherz hat wohl so oft
und viel verloren, daß man von ihm und seinen
Emanationen nichts mehr nehmen und verlangen darf!
Wollen Sie mich beauftragen, eine Blume auf sein
Grab zu legen, ich will es gerne thun! Friede seiner
Asche!

Ich habe wohl zu viel von den Bädern erwartet;
denn ich leide noch immer genug, um mürrisch und
unzufrieden zu sein — ich soll auf die Nachkur warten
— alte Leier! nicht einmal mit einer neuen Saite!

Sie schreiben mir über Göthe's Briefe an Frau
von Stein — ich kenne diese Briefe nicht — und die
wunderbaren Werke Wahlverwandtschaften und Werthers
Leiden machen mir keine Lust, sie zu lesen! Göthe's
freundschaftliche Briefe müssen höchst objectiv, sehr lehr-
reich, sehr vornehm und sehr überragend sein — aber
rein menschliche Gefühle drücken nur Menschen, aber
nicht Halbgötter aus. — Ich habe das in allen
Offenbarungen Göthe's stets herausgefühlt.

Betrachten Sie Shakespeare ihm gegenüber — in
nur wenig Zusammenstellungen! Hören Sie Julia's

Nachtigallen-Gesang, wenn sie ihren Romeo kirrt —
wie sie ihn, und was sich diesem Kreise naht, und
Shakespeare selbst mit sich fortzieht — wer denkt dabei
an Shakespeare? — Julia ist es, die uns fesselt —
das warme Blut — das Leben — die Schöpfung,
nicht der Schöpfer! Tasso's Stirne schmückt der Lorbeer
— die Geliebte drückt ihn auf sein Haupt — verklärt,
entzückt (des Dichters Aug' in schönem Wahnsinn rollend)
sieht er Elysium — Homer, die Heroen der Vorzeit
begeistern ihn — er wandelt unter — mit ihnen —
können Sie anders — müssen Sie nicht ausrufen:
großer, göttlicher Göthe!

Haben Sie je ohne ahnungsvollen Schauer einer
furchtbaren Katastrophe Othello's Worte: „Schau, Jago,
her! Ha! so blas ich meine Lieb' in alle Winde" —
gelesen oder gehört? Ist das nicht, als ob der eiserne
Hammer eines Giganten diese Worte in einen Granit-
felsen schlüge. — Wo ist Raum, an Etwas außer Othello
zu denken?

Orest rast — stürzt ohnmächtig zu Boden. — In
furchtbarem Mysterium flüstert Iphigenia, über den
Altar gebeugt, ihre Hymne den Parzen — und Göthe,
Göthe — göttlicher Göthe, dröhnts in uns — Porditha
Helene — Klärchen — Maria — dort immer das

9

Werk — die Schöpfung, hier immer der Dichter — der Schöpfer! Wofür entscheiden Sie? — hier der Halbgott — dort der unsterbliche Mensch!

Faust — Faust — Göthe's und der deutschen Literatur Universum hat Alles absorbirt. — Auf dieser Höhe erstirbt die Vegetation menschlichen Fühlens — Freundschaft, Liebe sind für Göthe aber auch nur abstrakte Ideen, die er kaum verbergen kann, wenn auch sein Geist stets Alles erreicht!

Faust ist einzig. — Es gibt keinen zweiten Theil. — Göthe wußte es — der zweite Theil, sollte nur ein zweiter Faust werden — der Faust ist fertig abgeschlossen — vollkommen! „Heinrich mir graut vor Dir." Was soll hier noch folgen? „Heinrich mir graut vor Dir" ist Fausts Weltgericht — den übersinnlichen Faust — züchtigt das gewöhnliche Reale, die sceptische Gottgeburt aus Koth und Feuer, Mephisto, verliert die Hülle jeder Göttlichkeit, und die ewige Vereinigung erstirbt vor der armen, wahnsinnigen Verbrecherin, die in ewige sittliche Verklärung eingeht! — Gibt es irgend einen großartigern, erhabenern Schluß der im zweiten Theil sein könnte? Mit einem furchtbaren Schrei stürzte ich zu Boden, so oft ich den Faust spielte und die Worte hörte, „Mir graut vor Dir." Diese furchtbaren Worte haben mich stets „hinweggerafft". um des Dichters Wort zu brauchen! Und von diesem Halb= gott — Freundes=, Liebesbriefe?

Ich frevle vielleicht, aber Frankreichs Göthe — Voltaire, scheint mir tieferes Gefühl, ächtere Sentimenta= lität zu besitzen, in seiner Henriade sind Episoden, die, aus der Seele quillend, erschütternd rühren, rührend er= schüttern! Ich wollte, Göthe wäre nicht im herzschwellen= den Rheinland geboren, wollte, er wäre ein geistvoller, gelehrter, als kalt und herzlos Verschrieener in Berlin aufgewachsen — halten Sie dies nicht für ganz paradox? Göthe würde seiner Unsterblichkeit weniger sicher und bewußt geworden sein, empfänglicher für menschlich Leid und Glück der Anderen, und die staunenswerthe riesige Höhe des Mannes wäre dann nicht in nur einem in Morgensonne ewig glühenden Gletscher vergleichbar, der ewigen allbelebenden Sonne selbst!

O Eva! Du hast den Apfelbiß verschuldet — O, Sie Eva, haben mich verführt, Gedanken auszuplaudern, zu denen ich weniger berechtigt bin, als die Ameise zum Bergbau — die, vielleicht auf unlogischem Grunde fußend, selbst der besten Freundin, als einen Narren verdächtigen — aber ich habe Ihnen vor vielen Jahren schon viel Weh geklagt — in mancher Zeit Ihnen manche frische

9*

Wunde gezeigt — was liegt daran, wenn ich mich bei
Ihnen auch ästhätischer Sünden schuldig mache! —
Es ist Sonntag — Sie beten immer für mich
— ich will auch heute in die Kirche, und zugleich selbst
um Andacht nachsuchen!

Gott segne Sie!

Ihr Freund

Teplitz, den 19. Aug. 1855.   Rott.

52.

Halten Sie mich für eine Schmeichlerin, bester Herr
Rott? Bürden Sie mir immerhin so manche Fehler auf,
gegen diesen muß ich mich wahren! Vielleicht wäre es
schon öfter gut für mich gewesen, wenn ich etwas Ver-
stellungskunst besäße, im Gegentheil, ich sprach nur zu
leicht meine Gefühle aus, oder schweige, wenn mich
nichts anspricht. Sie nennen mich gut, da Sie wähnen,
ich wolle Sie unterhalten und beschäftigen. Wahrlich, so
eitel bin ich nicht. Gut bin ich allerdings, aber im
anderen Sinne, ich denke Sie nehmen Theil an mir,
Sie sind mir Freund, da plaudere ich gerne den Eindruck
aus, den Sie auf mich machen. Dieser Eindruck steigert
sich immer mehr durch Ihre lieben geistreichen Briefe.

Was Sie über Göthe und Shakespeare sagen, ist beides sehr wahr. Göthe's Geburt in meiner armen, ungeistigen Vaterstadt, das war es nicht, was ihm geschadet, wohl aber seine reiche, sehr stolze Familie. Das Lied „Wer nie sein Brod mit Thränen aß", könnte man es auf ihn anwenden, er wäre mit seinem eminenten Geiste mehr wie Halbgott geworden. Dann hätte ich ihn auch nie so genau kennen lernen. Leider wurde mir es von D. zur Aufgabe gemacht, Alles auszuforschen, was hier über Göthe zu erfahren war. Göthe hatte kein Herz, wenigstens nicht im gewöhnlichen Leben, ich bewundere und staune ihn an, habe ihn aber zu viel hinter den Coulissen gesehen. Wäre Schiller in so glänzenden Verhältnissen geboren worden, mit seiner Phantasie, mit seinen Idealen, seiner Innigkeit und Frömmigkeit, er wäre der geworden, der Mozart unter den Musikern ist und bleibt. Voltaire hat wunderschön gedacht und geschrieben, jedoch habe ich kein Herz zu ihm. Ohne Frage steht Shakespeare weit höher wie er. Göthe war oft verletzend satyrisch, lesen Sie die Stelle in „Hermann und Dorothea" in dem Capitel „Terpsichore" überschrieben: „Ja, mein Hermann, Du würdest mein Alter höchlich erfreuen" u. s. w.; hierdurch machte er eine allgemein geachtete Familie lächerlich. Für eine

der Töchter war er in Liebesgluth entbrannt, welche
jedoch, durch den Verlust des Vermögens ihres Vaters,
schnell gelöscht ward. Wollen Sie D.'s Werk lesen,
so schenke ich es Ihnen; er sandte es mir, bei Ihnen
ist es in besseren Händen.

Vor mehreren Jahren bat mich Dr. Gutzkow, ihm
und seiner Frau die Erlaubniß zu verschaffen, die Villa
v. Rothschild ansehen zu dürfen. Man brauchte dazu
Karten. Ich ging mit diesem Anliegen zu Frau v. R.,
sie sagte mir es zu. Im Weggehen frug sie mich, wer
die Besucher wären. Wie sie Gutzkow's Namen hörte,
rief sie in ihrem jüdischen Jargon aus: „E Literat,
nein, den bringen Sie mir nicht! der druckt mich, sind
Sie gern gedruckt? ich bin nicht gern gedruckt." Damit
entließ sie mich. Würde diese Antwort der Geheimerath
v. Göthe erfahren haben?

Daß Sie von Seume's Grabe nichts nehmen, daran
erkenne ich wieder meinen theuren Freund. Legen Sie
auch von mir keine Blume auf sein Denkmal; ich will
Sie, da ich weiß, wie dergleichen Dinge Sie ergreifen,
nicht auf dem Kirchhof wissen. Wenige Jahre nach
Seume's Tod war ich in Teplitz und vergoß heiße
Thränen auf seiner Ruhestätte. Bis zu seiner Sterbe-
stunde wurde der Arme verfolgt, sterbend ließ ihn das

Scheusal von Wirth seine Wohnung verlassen, seine letz=
ten Athemzüge wurden ihm von der edlen Elise von der
Recke erleichtert (wie liebte ich sie seitdem). Sie war
es auch, welche ihm das Denkmal setzte.

Noch immer sind Sie leidend? Schonen Sie sich,
ich kann nicht Worte finden, Sie darum zu bitten; ich
ersuche Sie dringend, mir nicht zu schreiben, wenn es
auch nur die kleinste Anstrengung für Sie ist. Ein
Glück weniger für mich, Ihre lieben, herrlichen Gedan=
ken zu lesen; aber ein ungeheures Unglück liegt dagegen
in der Schaale, wenn Sie schreiben und sich dadurch
schaden. Haben Sie keinen Freund oder auch Diener,
der mir von Zeit zu Zeit melden könnte, wie Sie sich
fühlen und ob Sie meiner denken?

Bester Herr Rott, Sie adressiren an mich: „R.-
Thor, eigene Besitzung“; thun Sie es nicht! Außer mei=
nem mir bestimmten Grabe habe ich keine Scholle Erde
mehr; ich würde, da ich Sie kenne, es Ihnen nicht ge=
sagt haben; aber, werther Freund, es möchte mir für
Hochmuth ausgelegt werden, wenn jemand die Adresse
sieht. Vorgestern kam Ihr liebes Schreiben, ich war auf
dem Lande, und der Brief lag bis am späten Abend
auf meinem Tische. Hier meine Wohnung, bequem, ein
schöner obstreicher Garten ganz zu meiner Verfügung.

Meine Adreſſe genügt. Denken Sie nicht dabei, ich ſei
unglücklich, ich bin ruhig und glücklich, würde es aber
vollkommen ſein, wären Sie geſund. Für's Leben
die Ihre.

Maria v. T. geb. v. O.

D., 24. Auguſt 1855.

Aphorismen.

1. Die Mutter Gottes und die Mutter Natur ſind
Schweſtern: beide ſpenden Segen.

2. Undankbarkeit iſt Selbſtmord der edelſten Gefühle.

3. Ein Schmeichler gleicht dem Automaten, er ſpricht
Worte, ohne zu denken.

4. Große Schönheit iſt ein Empfehlungsbrief für große
Leiden; Häßlichkeit für noch mehr.

5. Langeweile mag wie der Vorgeſchmack der Hölle ſein.

6. Eine richtig zeigende Uhr iſt ein treuer Freund, aber
ein ewiger Mahner.

7. Langes Leben iſt eine Bürde. Kurzes Leben eine ge-
täuſchte Hoffnung.

8. Die Kunſt wohlthätig zu ſein, ohne zu verletzen, iſt
die größte, die ſchönſte und die ſeltenſte.

9. Die Gefühle der Liebe ſind ſo mannichfaltig wie der
Blumenflor. Jedoch die ächte, reine Liebe iſt eine
koſtbare Perle in der Schaale.

53.

Selbst nach der kleinsten Abwesenheit ist man bei der Rückreise von Erwartungen durchschauert, welche sich immer mehr steigern, je näher man zum Ziele kommt. Wie oft ist es Täuschung! Entweder findet man Zeitungen, Scheine, Rechnungen, oder auch Visitenkarten von Personen, welche nach jahrelangem Brautstande in's Ehejoch sich spannten, oder von anderen, die Besuch machen wollten, und gerade dadurch ihre wenige Theil= nahme bekunden. Damit Sie nun auch eine Täuschung erleben, so sende ich Ihnen einen Auszug meines Reise= tagebuches. Vielleicht dient er dazu, um, vor dem Schlafengehen gelesen, die gewünschte Wirkung hervorzu= bringen. Wegen der Post recommandire ich diese Zei= len, damit sie Ihnen sicher werden. Ihrer Nachsicht und gutem Herzen empfehle ich sie nur. Sollte das Tagebuch Sie nur eine Minute zerstreuen, so bin ich froh. Ein Wink von Ihnen, es folgt mehr. Ueberhaupt, könnte ich alle Dinge, die Sie freuen möchten, beflügeln, sie flögen alle nach Berlin mit dem besten Gruße Ihrer treuesten Freundin

Maria v. T. geb. v. O.

D., den 28. August 1855.

Berichtigungen:

Seite 5, Zeile 13 v. o. Theseus st. Theuseus.

  „ 7, „   1 v. o.: Dingelstedt st. Dingelstädt.

  „ 23, „ 12 v. o.: Pythia st. Phythia.

Druck von Wilhelm Köhler.